Para Aprender no Ato

Técnicas dramáticas na educação

Dados Internacionais de Catalogação na Publicação (CIP)
(Câmara Brasileira do Livro, SP, Brasil)

Para aprender no ato : técnicas dramáticas na educação / Luzia Mara Silva Lima, Lígia Pizzolante Liske (organizadoras). – São Paulo : Ágora, 2004.

Bibliografia.
ISBN 85-7183-883-6

1. Educação – Finalidade e objetivos 2. Psicodrama 3. Psicologia educacional 4. Teatro na educação I. Lima, Luzia Mara Silva. II. Liske, Lígia Pizzolante.

04-1488 CDD-370.15

Índices para catálogo sistemático:

1. Psicodrama na educação 370.15
2. Psicodrama pedagógico 370.15

Para Aprender no Ato

Técnicas dramáticas na educação

Luzia Mara Silva Lima
Lígia Pizzolante Liske
(organizadoras)

EDITORA
ÁGORA

PARA APRENDER NO ATO
Técnicas dramáticas na educação

Capa: **Marcio Koprowski**
Projeto gráfico, editoração
e fotolitos: **All Print**

Editora Ágora
Departamento editorial:
Rua Itapicuru, 613 – 7º andar
05006-000 – São Paulo – SP
Fone: (11) 3872-3322
Fax: (11) 3872-7476
http://www.editoraagora.com.br
e-mail: agora@editoraagora.com.br

Atendimento ao consumidor:
Summus Editorial
Fone: (11) 3865-9890

Vendas por atacado:
Fone: (11) 3873-8638
Fax: (11) 3873-7085
e-mail: vendas@summus.com.br

Impresso no Brasil

Sumário

Prefácio

A fim de apresentar o livro *Para aprender no ato*, começo por citar Fernando Pessoa, no seu heterônimo Alberto Caeiro, que faz a apologia daquilo que é simples e natural e nem sempre é fácil:

> [...]
> Sou um guardador de rebanhos.
> O rebanho é os meus pensamentos
> E os meus pensamentos são todos sensações.
> Penso com os olhos e com os ouvidos
> E com as mãos e os pés
> E com o nariz e a boca.
> Pensar uma flor é vê-la e cheirá-la
> E comer um fruto é saber-lhe o sentido.
> Por isso quando num dia de calor
> Me sinto triste de gozá-lo tanto,
> E me deito ao comprido na erva,
> E fecho os olhos quentes,
> Sinto todo o meu corpo deitado na realidade,
> Sei a verdade e sou feliz.

O leitor que pensa que este livro se limita a dar "peixes" ou até mesmo "lírios" está equivocado. Impressiona-me de fato a sua abordagem prática e integral que ensina o professor ou formador a "pescar" e a "semear" no terreno fértil da educação. Vejo este livro como um arado que abre caminhos de forma criativa e planta sementes que são as do psicodrama pedagógico, com todo o potencial que este contém.

Para além da devida fundamentação teórica, são aqui debatidas e exemplificadas as técnicas do psicodrama, que permitem "conhecer a verdade por meio da ação" no domínio da educação.

Congratulo-me também por observar o crescente interesse da aplicação do psicodrama no domínio pedagógico, tendo em vista que o seu criador, Jacob Lévy Moreno, "o homem que trouxe a alegria à Psiquiatria", gostaria de saber que este método também traz muita alegria à educação, destacando-se que, para ele, o potencial e a saúde humana devem ser desenvolvidos no sentido de uma maior espontaneidade e criatividade, em que o ser humano se torna co-criador do Universo.

Cada vez mais se compreende que a educação só tem significado quando é "sentida" pelo professor e pelo aluno; também sabemos que quanto mais modalidades sensoriais estão envolvidas no processo de aprendizagem maiores serão a retenção na memória e a motivação de quem aprende. A educação, que é a forma mais nobre de prevenção primária ao nível da saúde de um indivíduo e de uma sociedade, deve então reger-se por pressupostos que tornam o aluno co-autor e co-responsável, de forma espontânea e criativa, no seu processo de desenvolvimento.

É inspirador para mim observar como as técnicas de psicodrama permitem aprofundar e desenvolver todas as áreas do saber (saber-fazer, saber-ser e até saber-saber), o que não exclui naturalmente a utilização de outros métodos pedagógicos. É, aliás, na combinação dos métodos, que se concilia com a heterogeneidade humana nos estilos de aprendizagem, que está a riqueza desta abordagem cuja aplicação se prevê integrada com outros métodos pedagógicos mais ou menos ativos, tais como o expositivo, o demonstrativo ou o interrogativo.

Espero que esta obra inspiradora da minha querida amiga, professora Luzia Lima, uma recente e maravilhosa aquisição para Portugal, da professora Lígia Liske e de todos os seus colegas, co-autores deste livro, permita colher muitos frutos e flores a todos aqueles que querem uma melhor e verdadeira educação.

Manuela Maciel
(Psicodramatista portuguesa e *chair*
do psicodrama na Associação
Internacional de Terapias de Grupo – IAGP)

Apresentação

Dá-me lírios, lírios,
E rosas também.
Mas se não tens lírios
Nem rosas a dar-me,
Tem vontade ao menos
De me dar os lírios
E também as rosas,
Basta-me a vontade,
Que tens, se a tiveres,
De dar-me os lírios
E as rosas também,
E terei os lírios —
Os melhores lírios —
E as melhores rosas
Sem receber nada,
A não ser a prenda
Da tua vontade
De me dares lírios
E rosas também.

Álvaro de Campos
[Fernando Pessoa]

Todos os dias a vida passa recolhendo flores.

Sem falhar, todos os dias, a vida passa.

Há dias em que olhamos na direção das nossas mãos e não conseguimos ver ou sentir nada. Não vemos as nossas flores e, por vezes, não sentimos as nossas mãos. Durante alguns momentos, muitos ou poucos, insistimos na ilusão de que à vida nada temos a oferecer ou nada podemos ofertar. Se não temos, é porque pensamos que nos faltam as flores. Se não podemos, é por pensar que nos adormeceram as mãos.

E a vida passa.

Há outros dias, porém – que bom que esses dias existem! –, em que, mesmo sem enxergar muito bem as flores nem precisar estender completamente as mãos, deixamos que a vida nos arrebate todas as flores do mundo: as que temos, as que não temos e as que gostaríamos de ter. Nem sabíamos ao certo quais flores eram, mas podemos ainda sentir o perfume que ficou no ar.

Sem falhar, todos os dias, a vida passa recolhendo as nossas flores.

Este livro surgiu num desses raros momentos. Não sabíamos se eram lírios, nem se eram rosas ou outra flor qualquer. Nem sabíamos como havíamos de estender as mãos. Tínhamos apenas a vontade – esta sim, a tínhamos – de que a vida levasse algo de nós.

E terei os lírios –
Os melhores lírios –
E as melhores rosas
Sem receber nada,
A não ser a prenda
Da tua vontade
De me dares lírios
E rosas também.

— Álvaro de Campos —
[Fernando Pessoa]

Era um final de semestre no Mestrado em Educação Sociocomunitária do Unisal – Centro Universitário Salesiano – em Americana, São Paulo. Os alunos da disciplina Psicodrama Pedagógico haviam também cursado a disciplina "Metodologias de ação para trabalho com grupos", que eu havia ministrado no semestre anterior. Uma das tarefas desses alunos seria relatar uma experiência em que tivessem utilizado técnicas dramáticas ou ativas aprendidas no decorrer das disciplinas. Uma vez entregues, os relatos seriam transformados em artigos e publicados, como projeto vinculado à linha de pesquisa "Linguagens, intersubjetividade e educação na sociedade contemporânea". Naquele momento, a intenção era bem modesta: servir de inspiração inicial aos leitores que quisessem adentrar a área das técnicas ativas de ensino.

O projeto foi tomando corpo graças à união gradativa de outros colegas, estimulados pelo clima de cooperação, confiança e amizade que caracteriza o Mestrado do Unisal. A concepção transdisciplinar do curso permite às relações entre os professores, às disciplinas que ministram e aos projetos que desenvolvem ter fronteiras interativas. Nesse ambiente, misto de alegre, descontraído e sério, recebemos o valioso apoio dos professores e da coordenação para o desenvolvimento do trabalho acadêmico. Assim, além das sugestões de todo o grupo, o projeto inicial foi também alargado (de "artigo" para "livro") pela bem-vinda colaboração dos professores Regis de Morais e Olinda Noronha.

Durante este processo, a participação absolutamente estimulante dos alunos aquecia a alma de qualquer *iceberg*. Difícil não foi colocá-los para trabalhar, mas sim para cortar e recortar tudo que apresentavam para além do que lhes havia sido pedido. Foi de partir o coração ter de editar de seus textos iniciais os agradecimentos pessoais, as avaliações subjetivas (e tendenciosamente positivas), a empolgação transparente... Dos 14 alunos que fizeram seus relatos, 12 estão presentes nesta obra. Aos 14, relembro e reafirmo: é uma honra tê-los encontrado pelo caminho.

Com a minha vinda para Portugal, o projeto ampliou-se um pouco mais. Pelas mãos de duas pessoas altamente significativas na minha vida, um português e outro brasileiro, David Rodrigues e José Fonseca, conheci Manuela Maciel, prefaciadora deste livro e, hoje, amiga pessoal. Pelas mãos de Manuela, encontrei-me com a professora Leni Verhofstadt-Denève, da Universidade de Ghent, na Bélgica, cuja qualidade da produção acadêmica como psicodramatista, aliada a uma simpatia contagiante, impressionou-me bastante. Em Leuven, o sempre atencioso Pierre Fontaine autorizou prontamente a tradução e publicação do capítulo da professora Verhofstadt-Denève, contido no livro *Psychodrama training: an European view* (FEPTO Publications, 2001), do qual ele é o editor.

Para gerir este projeto, primeiro no Brasil e agora a distância, uma pessoa-chave esteve comigo desde o início: Lígia Pizzolante Liske – colega de formação em psicodrama pedagógico, "minha ego auxiliar" pelo mundo afora e cúmplice de muitas e muitas vidas. Sem pestanejar, ela aceitou o desafio de me acompanhar na sistematização dos relatos e, mais tarde, na organização do livro. Deixando de lado qualquer exagero, sem a Lígia este trabalho não teria nem a metade do sabor.

Para aprender no ato: técnicas dramáticas na educação começa com dois textos de cunho mais reflexivo e de fundamentação teórica (Capítulos 1 e 2), continua com um texto reflexivo ilustrado com práticas (Capítulo 3), passa para relatos mais sistematizados de experiências (Capítulos 4 e 5) e termina com uma análise crítica das práticas apresentadas no Capítulo 5 (Capítulo 6).

Com esta configuração, *Para aprender no ato* traz para o primeiro plano a reflexão acerca das técnicas dramáticas no âmbito da educação. Em outras palavras, o livro objetiva mais a tomada de consciência do leitor do que a sua instrumentalização.

No Capítulo 1, "Emoções e educação", Regis de Morais destaca brilhantemente a importância da ação dramática na expressão de emoções, valorações e raciocínios humanos. Aponta o auto e o heteroconhecimento como a dupla possibilidade educativa do psicodrama e ressalta a necessidade de uma formação profissional sólida para se adentrar na tão sutil área das vivências. Segundo afirma: as vivências são "o reviver e o viver de estrangulamentos cognitivos ocorridos no processo de compreensão da vida, entendida como o fluir histórico da pessoa e do seu personagem".

Uma vez que as técnicas dramáticas referidas neste livro têm como base teórico-metodológica o psicodrama moreniano, decidimos aglutinar as definições de termos e de técnicas psicodramáticas num único texto. Assim, no Capítulo 2, "Psicodrama e educação", Lígia Pizzolante Liske apresenta, brevemente, o histórico e a caracterização do psicodrama, seu desenvolvimento como psicoterapia e seu direcionamento posterior para a área socioeducacional, culminando com o "psicodrama pedagógico", de Maria Alicia Romaña.

No Capítulo 3, "O drama na formação de professores", Luzia Mara Silva Lima coloca o diálogo como o ator principal da formação de professores; como atores coadjuvantes estão as técnicas dramáticas, que dão amplitude ao diálogo, e o currículo – cuidadosamente planejado –, que corresponde ao cenário onde toda história educativa ocorre. A autora ilustra, com exemplos de sua prática docente, como as técnicas dramáticas contribuem para a formação profissional e pessoal do professor.

No Capítulo 4, "Psicodrama com estudantes universitários em Psicologia Clínica: teoria, ação e avaliação", Leni Verhofstadt-Denève destaca sua experiência como professora de um seminário prático sobre psicodrama, destinado a estudantes de Psicologia Clínica da Faculdade de Psicologia e Ciências Pedagógicas da Universidade de Ghent, na Bélgica. Sua experiência tem como base teórica o Modelo Fenomenológico-Dialético da Personalidade, de sua autoria, cujos pontos principais encontram-se também descritos nesse capítulo.

No Capítulo 5, "Técnicas psicodramáticas e ativas em contextos educativos", Luzia Mara Silva Lima e Lígia Pizzolante Liske apresentam o relato da experiência dos alunos do Mestrado do Unisal citados anteriormente. São onze relatos, escritos por doze alunos e distribuídos entre Educação Infantil, Ensino Fundamental, Ensino Médio, Ensino Superior e uma reunião de professores. Sublinhando o alerta encontrado na apresentação do capítulo, essas experiências não devem ser tomadas como receitas, por representarem o início de uma prática educativa ainda em construção.

No Capítulo 6, "Vivência e práxis: relações dialéticas", Olinda Maria Noronha faz uma importantíssima análise crítica dos relatos apresentados no Capítulo 5. Após uma substancial reflexão teórica, ela aponta os limites e as fragilidades das técnicas dramáticas que, por si sós, não são e tampouco garantem uma práxis transformadora. Assim, como quem "ama de olhos abertos", o livro termina com uma crítica a si mesmo, que só poderia ter sido feita pelo coração carinhoso e com a intenção construtiva próprios da professora Olinda. Como ela mesma ressalta: dependendo da sua *qualidade*, a práxis humana pode ser utilitária ou transformadora.

Oxalá este livro possa ser não apenas ferramenta útil, mas alimento que nutre. Assim, mesmo sem flores, permanece a vontade.

Dá-me lírios, lírios,
E rosas também.

Luzia Lima
Lisboa, março de 2004.

1

Emoções e educação

Regis de Morais

Se, na Antigüidade Clássica, Aristóteles consagrara a definição segundo a qual "o homem é um animal racional", em princípios do século XX Ernst Cassirer propôs a seguinte retificação: "o homem é um animal simbólico". Isto em razão de que os processos de simbolização tanto contemplam aspectos racionais quanto emocionais, o que permite considerar muito mais integralmente os seres humanos. Cassirer adverte:

> [...] precisamos, por assim dizer, distinguir os vários estratos geológicos da linguagem. O primeiro e mais fundamental é, evidentemente, a linguagem das emoções. Grande parte de toda a expressão oral humana ainda pertence a esse estrato. Mas há uma forma de linguagem que nos mostra um tipo totalmente diverso. Aqui a palavra não é simples interjeição; não é uma expressão involuntária do sentimento, mas parte de uma sentença que tem estrutura sintática e lógica definida (1972, p. 56).

Com tal advertência, E. Cassirer defende que, em cada ser humano, o mais nuclear, profundo e central é a linguagem das emoções, a estas estando ligada grande parte de nossa expressão oral. Ora, como no ser humano tudo, em termos de significação, é linguagem (corporal – especialmente facial –, falada ou escrita, pictórica, escultórica, musical etc.), em nossa superfície comunicacional apresentamos um discurso proposicional, dotado de sintaxe e de lógica. Esta complexidade é que passa a exigir a visão do ser humano como um "animal simbólico".

A isso acrescentaríamos que os processos de simbolização são pistas de mão dupla, pois cada ser humano pode expandir seus símbolos ao meio e, também, introjetar a massa simbólica que esse meio lhe oferece. No caso do psicodrama isto assume especial importância, uma vez que ambos os movimentos – de expansão e de introjeção – interessam aos passos terapêuticos e aos educacionais. Poder, na ação dramática, projetar emoções, valorações e raciocínios é processo que principia sendo catártico (apreensão do momento pré-verbal) para desdobrar-se em cognições que podem ser fundamentais. Os encontros pessoais que se dão de forma cênica trazem em sua dinâmica riquezas que devem penetrar o mais recôndito de nossos pensamentos e emoções.

O mundo do homem é denso tráfego de sinais (signos) carregados de significados. Uma vez mais Cassirer pondera que:

> Os símbolos – no sentido próprio do termo – não podem ser reduzidos a sinais. Sinais e símbolos pertencem a duas esferas diferentes da expressão das idéias: o sinal é uma parte do mundo físico do ser; o símbolo é uma parte do mundo humano do sentido" (*Idem*, p. 60).

Ao usar a palavra *idéias*, Ernst Cassirer toma-a no rico sentido de *imagens mentais*. Ora, na ponderação do filósofo fica claro que o complexo mundo simbólico não pode ser reduzido apenas a seus fundamentos sígnicos.

No psicodrama, se logramos entendê-lo adequadamente, a ação dramática põe em movimento variados conteúdos dos "estratos geológicos" do ser humano, nisto residindo seus notáveis resultados – desde que tecnicamente conduzido com rigor. Sua aplicação ao educar contempla muitos níveis de mobilização humana. O autoconhecimento ainda bem próximo à terapêutica parece ser o que importa em primeiro plano; todavia, os recursos cênicos apresentam grande força de contribuição didática em estudos científicos, filosóficos, artísticos, teológicos e outros. Eis por que as coisas se completam na exata medida em que são disponibilizados os dois movimentos antes citados: a expansão e a introjeção simbólicas.

No conjunto de atividades que produziu o presente livro, com agradável comunhão de trabalhos entre discentes e docentes, fomos instados a discorrer sobre "emoções e educação"; no entanto, as páginas que se seguem não são de um psicodramatista; elas devem ser lidas como a reflexão de um filósofo um tanto enamorado de psicoterapias. Já dissera Montaigne que "Ciência sem consciência não é senão a morte da alma", e o que o filósofo pretende é refletir sobre alguns pressupostos da atividade científica psicodramática, crendo poder ser, a filosofia, capaz de pôr em discussão aspectos não tratados cientificamente.

1. O personagem e a pessoa

Há mais de 50 anos (1948), o filósofo Georges Gusdorf em obra apaixonante (*La découverte de soi*) demonstrava o grande fracasso da introspecção como processo de descobrimento da pessoa. Antes, Montaigne e, ainda bem anteriormente, Santo Agostinho haviam proposto o auto-exame como mergulho em si mesmo para se chegar ao profundo conhecimento da pessoa que somos. Jean-Jacques Rousseau, entusiasmado com a proposta de introspecção, pretende ter apresentado, em sua monumental obra literária *Confissões*, o retrato humano mais natural, verdadeiro e sincero que alguém pudesse dar de si mesmo – o que hoje sabemos não ser como Rousseau desejou.

Durante o século, muitas grandes figuras rebelaram-se contra a introspecção, passando a considerá-la uma quimera. O notável escritor Julien Green, que ao longo de tantas décadas dedicara-se a redigir o seu *Journal* (Diário), ao ler aquelas páginas escreveu: "Se alguém descobrisse este diário, este daria uma idéia totalmente inexata de mim mesmo [...] não consegui descobrir aquilo que realmente tem importância para mim" (1939). Paul Claudel chega à mesma conclusão, anotando: "Olhando para si mesmo, uma pessoa se falseia", pois a introspecção altera a autopercepção.

O psiquiatra e teólogo suíço Paul Tournier arremata a presente questão ao escrever:

> Não digo que esse mergulho (em si mesmo) seja vão; é pródigo em descobrimentos, demasiado pródigo. Cada vez que somos sinceros, nos damos conta de que uma atitude que acreditávamos espontânea é o resultado de nossos próprios mecanismos. [...] Esse experimento é sempre comovedor, humilhante e fecundo. Dá-nos a impressão, a convicção profunda de ver-nos diferentes do que pensávamos. Mas esta exploração não tem fim. Se a nossa sinceridade é exigente, vemos rapidamente que nos despojamos de uma vestimenta e encontramos outra debaixo (1974, p. 73).

Como todos nós, de uma ou de outra forma, já fomos vítimas de erros na construção da auto-imagem, vai ficando claro que as possibilidades projetivas, que desafiam o "pôr para fora" de nossos conteúdos, vão se mostrando preciosas. E, abrindo-nos para liberar esses conteúdos, aceitamos a entrada de importantes reações do nosso meio, as quais muitas vezes transformam-se em lições para nós. Estabelecem-se, dessa maneira, as possibilidades de auto e heteroconhecimento, isto demonstrando a dupla possibilidade educativa do psicodrama.

Paul Tournier, em obra específica (1974), trabalhou competentemente as questões atinentes ao personagem e à pessoa. Detenhamo-nos um pouco em aspectos de suas análises que, aparentemente, podem contribuir com o psicodrama.

Segundo Tournier, há uma estranha relação entre personagem e pessoa. No ser humano, um é condição de existência do outro, mas um se distingue do outro; são realidades que não se confundem, mas também não se separam. Para o autor, o personagem transcende muito o conceito sociológico de "papéis sociais", assim, ele alcança conteúdos humanos que estão além dos meros mecanismos sociais. Digamos, de modo simples, que o personagem é, em sua dinâmica, uma abertura de visão para aspectos dessa coisa densamente misteriosa, que é a pessoa. Esta última entendida como uma corrente de vida, como um fluxo energético de grande dinamismo, sempre transformando-se e ressurgindo.

Por assim dizer, temos uma *história de vida* que em nós está mesclada com nossa *lenda pessoal*. História de vida é algo documentado (por certidões, fotos etc.) e testemunhado; enquanto a lenda pessoal tem a ver com uma progressiva escolha de como desejamos que o mundo nos veja. Nossa lenda resulta de auto e heterossugestão e é um construto da imaginação em jogo com as circunstâncias. De tal modo que a pessoa permanece algo misterioso em nós, e os contatos diretos que temos é com os personagens que construímos. O personagem, em seus movimentos de razão e sensibilidade, entremostra a pessoa – ou fragmentos desta. Por essa razão, os religiosos dizem que só Deus conhece uma pessoa; e os filósofos afirmam que não "apreendemos" a pessoa, algumas "compreendemos" mediante a iluminação do *encontro pessoal*.

Na ação dramática, dá-se uma potencialização das energias da pessoa, de modo que o personagem, se o processo for bem conduzido, mistura-se mais e de forma imperceptível com a pessoa, o que possibilita surpreendentes *performances* geradas pelo afloramento mais intenso da linguagem das emoções. Ora, isto não é só terapêutico, na medida em que abre caminhos preciosos às mais delicadas cognições; isto é fortemente educacional. A educação, em seu sentido pleno, só acontece quando é mobilizada pelas forças afetivas. As chamadas *vivências* são, como a própria palavra esclarece, o reviver e o viver de estrangulamentos cognitivos ocorridos no processo de compreensão da vida, entendida como o fluir histórico da pessoa e do seu personagem.

As emoções transitam entre pessoa e personagem, e seguem o seu tráfego agindo sobre o meio humano; e a educação mecanicista e estritamente intelectualista ainda não percebeu que, para que se dêem aprendizagens significativas e orgânicas, será sempre necessário cuidadoso trabalho com o emocional. Já se nota que a formação psicodramática para a educação precisará ser muitíssimo competente, pois, do contrário, as boas intenções se transformam em perigos e riscos.

Como fundamentamos esta seção em múltiplas passagens do professor Paul Tournier, rogamos ao leitor que esteja atento à obra mencionada nas referências bibliográficas, no final deste capítulo.

2. As relações interpessoais como jogos cênicos

Etimologicamente, encontramos no latim o vocábulo *scenicus* que se refere a tudo o que é relativo às representações teatrais. Com base nisso, tanto podemos dar-lhe significado literal e voltado para os palcos das casas de espetáculo, quanto podemos atribuir-lhe a abertura de sentidos metafóricos que se voltem amplamente para o *teatro do ser*.

A psicodramatista Gecila Sampaio Santos, interpretando o pensamento de J. L. Moreno, escreve:

> Ele [Moreno] nos diz que no momento em que podemos ver a nós mesmos surge imediatamente um palco sob nossos pés. Nesse sentido, o palco psicodramático deixa de ser necessariamente um espaço físico previamente determinado e delimitado mas [é] necessariamente um espaço simbólico. [...] Aos poucos, esse homem-deus vai iluminando toda a extensão do palco que o ilumina, pois, ao ir apropriando-se de sua história, clareia a história coletiva da qual é porta-voz (1990, p. 138).

Ora, sendo o mundo humano esse tráfego de significações geradas pela pessoa e exteriorizadas pelo personagem, as relações interpessoais, que iluminam o mundo humano e nos iluminam pessoalmente, são sempre jogos cênicos mais ou menos explícitos, mais ou menos assumidos e densos de emoções e pensamentos.

Veja-se que o verbo existir vem da expressão latina *ex-sistere* que, em uma tradução mais livre, quer dizer "pôr-se para fora de si", em uma palavra: "significar". Razão pela qual só o ser humano existe, cabendo-nos dizer que "*há* muitas montanhas", "*há* muitas águas", "*há* muitas árvores" e "existem muitos seres humanos". Inúmeras formas de linguagem veiculam as significações humanas. Ora predomina a linguagem corporal e principalmente fisionômica, ora ganha o procênio a fala ou o canto, ora tais significações são veiculadas artística ou religiosamente etc. Isto sem mencionar a grande eloqüência dos silêncios e das imobilidades, como efeitos de anticlímax.

Heidegger, a cada passo, lembrava que o homem é fundamentalmente um *ser que fala*: fala acordado sob intencionalidades ou emoções; fala dormindo nos sonhos; fala até mesmo quando se nega a pronunciar palavras. Isto em razão de que, como vimos antes, o universo propriamente humano é o universo do sentido, o qual conjuga signos e símbolos. Nos jogos cênicos há um ser sígnico que realiza seus processos de simbolização. Nisso vamos percebendo que, no âmbito do psicodrama, o conceito fundante é o de *ação dramática* (Santos, 1990, p. 136), a qual não pode confundir o drama como ação que serve ao entendimento com certo uso frenético, grosseiro e às vezes superficial de encenação. O drama é a ação que carrega o peso emocional da ambivalência e das contradições humanas, e o psicodrama é "o drama da psique que protagoniza" (*idem*, p. 136). Este não pode ser reduzido a um recurso técnico de encenação, sendo muito mais completamente um modo de avaliar a relação homem-mundo. Eis por que na ação dramática não há cisão entre polaridades: sincero e insincero, certo e errado, bem e mal, sanidade e patologia etc., uma vez que a cisão de polaridades rompe o fluxo dialético do viver e reduz a ação dramática a mera encenação superficial.

Viver é, constantemente, interpretar a circunstância; logo, viver é aprender: sobre o mundo e sobre nós mesmos. No âmbito das relações interpessoais só podemos *ver* o que os corpos dos demais nos transmitem. Por isto é que o filósofo Merleau-Ponty afirmou que "somos um corpo como forma de presença no mundo"; nada cultivamos ou desenvolvemos em nossa interioridade que antes não tenha nascido no corpo. O meio humano é, portanto, um fascinante movimento de corpos sígnicos que veiculam a linguagem das emoções, dos valores e das idéias em geral; daí a ação dramática tanto depender da corporeidade. Edmond Barbotin, em bela obra de antropologia filosófica (*Humanité de l'homme*, 1969), aponta estarem nos extremos do fenômeno humano a *atitude fechada*, aquela com a qual o feto se concentra para entrar na cena humana e, depois, o ser humano repetirá em seus momentos de introspecção e meditação (observe-se a escultura *O pensador*, de Rodin), e a *atitude aberta*, em que o homem faz-se ereto e abre a envergadura em busca de ação comungante com o mundo (Barbotin, 1969, pp. 174-7).

Entre tais extremos há uma quase infinita variação de movimentos corporais que traduzem as nuanças da emoção e do pensamento humanos. Então, de um sem-número de movimentos imperfeitos e incompletos faz-se a perfeição possível da comunicação humana. Nesses gestos intermediários está necessariamente presente a dialética do aberto e do fechado que fazem contraponto, um sendo condição de existência e de efetividade do outro.

Segundo Moreno, a dramatização logra surpreender o pré-verbal, não dispensando, em hipótese nenhuma, o verbal com sua riqueza específica. O ser que é iluminado ilumina a extensão do seu palco no teatro da vida; assim, seja pelas leituras corporais, faciais ou dos textos explícitos (orais e escritos) dos seres humanos, as relações interpessoais são jogos cênicos, ora mais predeterminados nas relações ditas organizadas, ora mais surpreendentes nas relações espontâneas. O drama da psique que protagoniza (Santos, 1990, p. 136) é substancialmente denso de ambigüidades e contradições, e os personagens desse teatro movimentam luzes das pessoas, que são a mais profunda razão de ser dos jogos cênicos.

Quando caídos em armadilhas emocionais ou racionais, os movimentos, gestos e falas são desnorteados e podem desnortear os circunstantes; no entanto, quando na força do caudal de expressões vitais das pessoas que somos, os mesmos movimentos e falas são de preciosa verdade norteadora do auto e do heteroconhecimento. Científica e tecnicamente, terapeutas e educadores podem ser preparados para distinguir as manifestações espúrias daquelas autênticas, mas o momento da percepção interpretativa dirá mais respeito à sagacidade e à intuição dos observadores.

Nenhum de nós escolhe construir ou não o seu personagem. Todos o construímos na comunhão entre as energias da pessoa que somos e as influências socioculturais. Não há falsidade no personagem que erigimos; no entanto, muitas vezes nosso personagem trai a pessoa que o fundamenta por excesso de condicionamentos sociais e culturais. Mas *sempre* o personagem entremostrará a pessoa que com tais condicionamentos se revolta. Não é por outra razão que afirmava L. Feuerbach que o discurso humano é sempre enigmático, pois, ao mesmo tempo em que afirma, nega; ao mesmo tempo em que revela, esconde; ao mesmo tempo em que diz a verdade, mente. Não a mentira imoral, mas a inevitável verdade incompleta da linguagem limitada do ser humano.

3. Grandezas da razão – sutilezas do emocional

O século XVII consagrou racionalismos exacerbados como os de Descartes, Gassendi, Newton e Leibniz, principalmente, dando início à chamada idade de ouro da razão no mundo moderno. Por isso, no século seguinte, erigiu-se o "mito da razão absoluta", na forte convicção de que somente a razão seria capaz de desvendar as leis da natureza e ordenar as relações do mundo humano.

Como reação a tal movimento racionalista, as coisas começam a mudar no século XIX, principalmente com os pensamentos de Kierkegaard, Shopenhauer e Nietzsche. Era o início de vigoroso questionamento aos endeusamentos da razão. E é ainda no final daquele século que Sigmund Freud, ao retomar o tema do inconsciente e buscar conceituá-lo cientificamente, de certo modo demonstra ao mundo que nossos ditos atos conscientes (e, logo, racionais) não são tão conscientes assim por inevitáveis intervenções, na vida cotidiana, de conteúdos reprimidos no inconsciente.

Durante o século XX, porém, é que surgiram tendências fortemente irracionalistas de algumas vertentes do existencialismo. Por algumas décadas podia-se ter a impressão de que muitos dos mais destacados pensadores não mais acreditavam nos poderes da razão, e contra ela moviam sério combate. No entanto, tudo não passava de um movimento pendular, em que se solta o pêndulo de um lado e ele se movimenta para o extremo oposto. Hoje podemos já saber que nenhum combate foi feito contra *a razão*, tomada em si mesma – a qual é parte grandemente importante e identificadora da condição humana. O que se tem combatido é *determinada racionalidade*, arrogante e cientificista em seu habitual tom positivista.

Freud, embora materialista, gostava de aplicar à psicanálise o versículo bíblico que afirma: "conheceis a verdade, e a verdade vos libertará", no sentido de que é preciso encontrar um modo para que as coisas escondidas no inconsciente aflorem e, por serem esquecidas, não se encontram no campo da consciência racional. Veja-se, porém, que o ato de conhecer (operação da razão) é fundamental para se acudir aos estrangulamentos emocionais; além do que, convenhamos, apesar de sua intuitividade genial, o próprio Freud sempre foi um racionalista típico.

Quando recorremos a um dos principais representantes do pensamento existencialista, o filósofo (e, antes, médico psiquiatra) Karl Jaspers, em sua bela obra intitulada *Razão e contra-razão no nosso tempo* (s/d), encontramos tão enfática defesa da razão que precisaremos transcrevê-la neste ensaio. Vejamos o que diz Jaspers:

> Que é a razão? O pensamento de todos os tempos não esgotou este grande tema filosófico, do mesmo modo que não o conseguiu a investigação sistemática. Vou tentar defini-la.
> A razão está sempre em movimento e não dispõe de qualquer ponto de apoio garantido.
> [...] é o oposto da preguiça, que nos dispensa de refletir mal uma idéia ganha corpo aos nossos olhos.
> Apela para a meditação, é o oposto do arbitrário.
> Permite o conhecimento de si, a humildade, pois conhece as limitações humanas; é o oposto da presunção.
> Procura sempre escutar, sabe esperar; é o oposto dos entusiasmos afetivos que toldam a visão.

> Todos os movimentos da razão tendem a afrouxar os laços dogmáticos [...].
> Por isso não deve ela nada esquecer, nada menosprezar, nada excluir. Em si, é disponibilidade infinita (Jaspers, s/d, pp. 52-3).

O filósofo anota ainda:

> [...] o homem não nasce senhor da razão, antes esta devém de uma conversão da sua natureza instintiva. Se logra atingir os caminhos da razão, não o faz naturalmente mas por intermédio da sua liberdade (*Idem*, p. 68).

Louvados em tais posições assumidas por destacado filósofo da existência, vemos consolidada a percepção de que os embates havidos não foram contra a razão, mas muito mais contra a racionalidade cientificista. Se, no dizer já mencionado de Cassirer, "o homem é um animal simbólico", nisto estão implícitas racionalidade e emocionalidade como constitutivas do ser humano. Eis a razão pela qual Moreno considerava excelente que a ação dramática pudesse surpreender as emoções humanas em seu estado pré-verbal, julgando, porém, indispensável a fase verbal em que a razão pudesse elaborar tais emoções. Não fossem, afinal, as grandezas da razão humana, não teríamos toda uma construção magnífica de saberes, reflexões, princípios e teses; sequer teríamos possibilidade de trabalhar as emoções afloradas.

Mas o que são as emoções? Antes de tudo tenhamos humildade suficiente para reconhecer o quão pouco sabemos, assim com firmeza, delas. Etimologicamente, emoção (*emotio*) é apenas um movimento que vem de dentro; mas tanto pode vir espontaneamente de dentro quanto pode ser provocado em nosso íntimo por causas exteriores. Os dicionários falam-nos das emoções como abalos psíquicos ou psicossomáticos; tudo isso nos parece correto, ainda que fragmentário. O que parece mais interessante é levarmos em conta os termos emoções conscientes e inconscientes, tanto quanto emoções positivas (geradoras de bem-estar e saúde) e negativas (paralisadoras ou desagregadoras da saúde).

Ao entendermos melhor o conceito de *libido*, em sentido de uma energia complexa que é *princípio vital*, tal compreensão nos dá uma via de acesso privilegiada ao entendimento das emoções. Esta energia está na base de nossa relação erótica com a totalidade do viver, ficando relativamente claras aproximações entre libido e mística (sacralidade), libido e busca do saber, libido e vitalidade orgânica, libido e sexualidade - que é algo bem mais vasto do que a mera genitalidade.

Trata-se de uma energia complexa que mobiliza os nossos sentidos, habitando a boca na degustação, todo o corpo em seu sentido tátil, os ouvidos nas absorções estético-musicais, os olhos na busca e na contemplação da vida, bem como as narinas na aspiração de aromas alimentares, perfumes e apenas cheiros. Todavia, a libido habita transitoriamente cada sentido, pois o seu lugar é a totalidade do ser transcendente que é o homem.

Ocorre que, ao longo do histórico evolutivo de uma vida (e isto mais marcadamente na infância e na puberdade), dão-se distorções geradoras de emoções problemáticas porque sofridas. Isto leva a um processo natural de fuga do sofrimento, reprimindo as emoções difíceis e expulsando-as para um campo de silêncio que dá impressão de que as suprimimos do cotidiano. Não foi por outra razão que, ao investigar o inconsciente em um repressivo mundo vitoriano, Freud o identificou apenas com o inconsciente inferior.

C. G. Jung, A. Maslow, V. Frankl e Roberto Assagioli visualizaram, ao que nos parece de forma mais completa e real, a "estrutura" da mente humana (Batà, 1974, pp. 25 ss). Graças a esses psicoterapeutas, chegou-se à existência de: a) um *inconsciente inferior* ou subconsciente (correspondente ao que foi identificado por Freud); b) um *inconsciente médio* ou pré-consciente, o qual mais de perto envolveria o campo de consciência; c) um *campo de consciência* marcado pelo pensamento racional; d) um *inconsciente superior* ou superconsciente, "região" elevada e depurada do inconsciente na qual se situa nosso Eu Superior; e) um *inconsciente coletivo* a envolver tudo isso e a atuar nesse todo.

Assim, as emoções como movimentos que vêm de dentro em sentido de abalo psíquico podem ser originárias de "regiões" inferiores, médias ou superiores do espírito, disso resultando serem mais negativas ou mais positivas, mais perplexificantes ou mais vitalizantes. As emoções, no entanto, chegando ao *campo de consciência,* comporão nossos ideais e entusiasmos ou nossos desânimos, pois são essas correntes de força que deverão ser usadas como propulsoras do auto e do heteroconhecimento. Em campo psicodramático, como em outros campos terapêuticos e educacionais, tais forças revelam-se de tal modo sutis que com elas não se pode brincar. Eis por que não se pode improvisar terapeutas ou pedagogos psicodramatistas. São necessários uma formação consistente e sólida e um desenvolvimento na sutileza observacional que só se obtêm com amplos estágios ou atuações supervisionadas, sem falar na intuição intersubjetiva que esse trabalho exige.

Razão e emoções – isto é, a totalidade humana – interessam ao trabalho psicodramático; e, em razão do uso de jogos cênicos na ação dramática, o corpo sígnico faz-se uma vertente de significados.

4. O psicodrama e a educação

O ser humano apresenta-se como um ser inacabado e em constante processo de desenvolvimento de suas potencialidades racionais e emocionais. Rousseau, por essa razão, debruçou-se sobre o tema da perfectibilidade humana – coisa que os pensadores contemporâneos desdobraram ainda mais. Ora, ante um ser inacabado e perfectível, o abandono à própria sorte configura-se a maior de todas as injustiças, a maior das perversidades; assim, pais, professores e demais membros da sociedade são chamados à condição de educadores. Sendo o homem um ser aberto a intervenções auxiliadoras, pode perfeitamente estagnar-se e deteriorar-se caso seja abandonado.

Nesta linha, vemos que o homem é um ser educável ou de educabilidade. O pensador francês Charles Hadji observa, de forma clara:

> [...] a educabilidade, em um primeiro sentido, não é senão a figura imediata da temporalidade para um ser finito, mas mutável; limitado, mas dinâmico; de existência fugaz, mas capaz de sonhar com a eternidade; dotado de energia necessária para empreender, mesmo sabendo estar prometido à morte, último ato certo de um crescimento que terá durado o tempo de uma curta vida mortal (2001, p. 30).

Diz-se que educar é auxiliar um ser humano a desdobrar toda a *extensão do seu ser.* Mas o desenvolvimento não pode ser algo que lembre apenas o espaço, já que ele se cumpre também no tempo. Emmanuel Lévinas anota com admirável profundidade que: "[...] pelo tempo... o ser *ainda* não é; o que não o confunde com o nada, mas o mantém a distância de si mesmo. Ele não é de uma só vez" (*Totalité et infini,* Le Livre de Poche, s/d, p. 46). Isto significa que o ser humano, que sempre está inacabado, é *sendo*, em seu processo de educação e desenvolvimento.

Ainda uma vez mais adverte Hadji:

> [...] o desenvolvimento é próprio de um ser que precisa do tempo para ser pleno, mas a quem essa inscrição temporal impede sempre de ser pleno. *É para sempre que "ainda não" se é. Nisso consiste o primeiro paradoxo da educação* (2001, p. 31).

Percebe-se que teorizar a educação é algo difícil, sendo ainda mais difícil praticá-la. Mas não é atitude madura fugirmos dos desafios das dificuldades.

Em um exercício de simplicidade, abordemos algumas formas de educabilidade do ser humano.

a) A *exemplaridade* é, talvez, a mais antiga e hoje a mais esquecida delas, mesmo sabendo que um exemplo de vida (de integridade, dedicação ou sinceridade) vale por milhares de palavras ditas ao educando. Nesta nossa melancólica sociedade de consumo em que introjetamos, para as relações interpessoais, o conceito industrial de *produto descartável*, inúmeras são as situações em que a relação professor-aluno não é nada exemplar, um ou outro se sentindo como uma *coisa*, que em um momento é útil e em outro é descartada. Na aplicação do psicodrama à educação, o que dirige as ações dramáticas precisa tanto ser exemplar (em competência, sensibilidade e dignidade), quanto zelar para que as relações entre os "atores" sejam exemplarmente éticas e não-superficiais.

b) A *maiêutica catártica* para o autoconhecimento é das primeiras e mais importantes formas de educabilidade propiciadas pelo psicodrama; os *insights* emocionais e os trabalhos racionais ali obtidos podem ser feliz estrada para a busca da sabedoria de vida. Como termos boa e suficiente auto-estima se sequer nos conhecemos? Como lidar humanamente com nossos semelhantes se não sabemos nos identificar, indo pela vida como quem ignora as próprias possibilidades e limites? Nisto de novo avulta a importância da firme e competente direção das seções psicodramáticas.

c) *A mobilização de emoções para motivação* às aquisições cognitivas nos diversos campos do saber. Dizia Rousseau que a maior força do aprender está no *desejo de saber*. Ora, às vezes vivemos sonambulicamente e necessitamos de despertamento. O despertar de determinadas emoções abre efetivas vias de acesso a temas filosóficos, idiomáticos e literários, artísticos, científicos, teológicos ou tecnológicos. Entendemos que os recursos psicodramáticos oferecidos à educação, neste sentido, são grandemente valiosos.

d) O *desenvolvimento de uma criticidade sã* que, como defendemos em outro livro (Veiga e Castanho, 2000, pp. 54 ss), escape a um descabido e mal-humorado "furor crítico", adentrando a "graça de uma criticidade generosa" e equilibrada. Também nesta forma de educabilidade há relevante papel para os recursos psicodramáticos, uma vez que se fundamentam em dinâmica sociodramática, na qual ajustes de postura humana podem ser ensejados.

e) O *desenvolvimento de práticas conviviais e solidárias*, como crítica ao individualismo consumista. Não é difícil imaginarmos que, em seções de psicodrama aplicado à educação, esta forma de educabilidade pode perfeitamente ser enfatizada, com resultados que esperamos muito bons.

As aplicações de psicodrama à educação mostram – e isto não é de assustar – potencialidades e perigos. Para não cair na condição de mero teatrinho mais ou menos efusivo, as ações dramáticas têm de ser sustentadas por princípios científicos e habilidades técnicas. No entanto, uma coisa é dominarmos uma técnica e a mantermos como *meio* a serviço das vidas humanas; outra muito diferente é endeusarmos as técnicas e cairmos prisioneiros delas. Os recursos tecnocientíficos são necessários, mas eles não cumprem o papel da sensibilidade intuitiva; afinal, nenhuma pessoa cabe em uma teoria explicativa. Por sua própria natureza, entendemos que o psicodrama exige que se o tome muito a sério (sem que sério signifique, aqui, sisudo). Ao lidar com vidas em processo de simbolização, não se pode fazer concessões apenas sedutoras.

Sejam gêiseres ou fontes de água fresca, as emoções são potencialmente educativas. Mas é preciso trabalhá-las com a sutileza e a perspicácia que elas exigem.

Em obra coletiva organizada por Sílvia R. A. Petrilli, encontramos excelente texto de Arthur Kaufman intitulado "O psicodrama tematizado". Logo na primeira página, abordando a metodologia psicodramática, esse autor escreve:

> Uma das possibilidades de utilização desta metodologia acontece com sucesso nas escolas:
>
> a) Como técnica de sociodrama: para professores e/ou alunos.
>
> b) Como técnica de *role-playing* da relação professor-aluno.
>
> c) Como técnica de jogos dramáticos, para relaxamento de campo e aumento da força de coesão dos grupos.

d) Como técnica de teatro espontâneo, visando interação grupal e incentivo à criatividade.
e) Como técnica de jornal vivo, procurando aumentar a compreensão crítica dos alunos em relação ao mundo circundante (1994, p. 123).

Ao lermos estas linhas de um psicodramatista, vimos confirmadas intuições que tivemos na condição de não-especialista. Se o texto acima foi, por nós, bem interpretado, sentimos algumas de nossas intuições fortemente apoiadas.

Conclusão

Não saberia onde está, para os especialistas, o excessivamente óbvio neste nosso texto; do mesmo modo não sabemos avaliar o que lhes tenha parecido supérfluo ou dispensável. Mas, como observamos de início, fizemos sincera tentativa de colocar temas delicados sob reflexão, tanto para terapeutas quanto para pedagogos.

Como se pode ver, há neste livro relatos de alunos do mestrado em Educação (Unisal, Americana), testando recursos psicodramáticos com educandos alunos de Filosofia, de Administração de Recursos Humanos, alunos do ensino fundamental e de outros níveis. Trabalharam-se a cognição e a sensibilidade em relação à obra de Monteiro Lobato, a motivação para idioma estrangeiro, bem como reflexões sobre violência, marginalidade e sofrimento social. Ali, é natural que encontremos relatos mais consistentes e outros mais frágeis; mas todos buscam testar os recursos do psicodrama aplicados ao fazer educacional.

Nosso objetivo limitou-se a contribuir, sob o título "Emoções e educação", com reflexões a respeito dos processos de simbolização que permitam o afloramento de emoções e não dispensem as elaborações racionais.

Alegra-nos termos participado desse congraçamento com colegas e alunos nossos. O que desejamos é que nosso contributo, conquanto modesto, seja de alguma serventia aos seus destinatários: os leitores todos.

Referências bibliográficas

BARBOTIN, Edmond. *Humanité de l'homme*. Paris: Aubier, 1969.

BATÀ, Ângela Maria L. S. *O eu e o inconsciente*. São Paulo: Pensamento, 1974.

CASSIRER, Ernst. *Antropologia filosófica - ensaio sobre o homem*. São Paulo: Mestre Jou, 1972.

GREEN, Julien. *Journal*. Paris: Plon, 1939.

GUSDORF, Georges. *La découverte de soi*. Paris: Presses Universitaires de France, 1948.

HADJI, Charles. *Pensar e agir a educação - da inteligência do desenvolvimento ao desenvolvimento da inteligência*. Porto Alegre: Artmed, 2001.

JASPERS, Karl. *Razão e contra-razão no nosso tempo*. Lisboa: Minotauro, s/d.

KAUFMAN, Arthur. O psicodrama tematizado. *In* PETRILLI, Sílvia R. A. (org.). *Rosa-dos-ventos da teoria do psicodrama*. São Paulo: Ágora, 1994.

LÉVINAS, Emmanuel. *Totalité et infini*. Paris: Le Livre de Poche, s/d.

MORAIS, Regis de. A criticidade como fundamento do humano. *In* VEIGA, Ilma P. A.; CASTANHO, Maria Eugênia (orgs.). *Pedagogia universitária: a aula em foco*. Campinas: Papirus, 2000.

SANTOS, Gecila S. Ação dramática: seu sentido ético e suas roupagens ideológicas. *In* AGUIAR, Moysés (coord.). *J. L. Moreno: o psicodramaturgo* (1889-1989). São Paulo: Casa do Psicólogo, 1990.

TOURNIER, Paul. *El personaje y la persona*. Buenos Aires: Asociación Editorial La Aurora, 1974.

VEIGA, Ilma P.A.; CASTANHO, Maria Eugênia (orgs.) *Pedagogia universitária: a aula em foco*. Campinas: Papirus, 2000.

2

Psicodrama e educação

Lígia Pizzolante Liske

Um livro que traz à tona reflexões e práticas ligadas ao psicodrama necessita que o seu leitor tenha um conhecimento mínimo a respeito do tema. A intenção é a de que não só o psicodramatista, mas também o educador em geral (formado ou em formação) possam se beneficiar da sua leitura como um todo.

Assim, o objetivo deste capítulo é apresentar um pouco da história do psicodrama, o contexto de seu nascimento e desenvolvimento enquanto psicoterapia e seu direcionamento posterior para a área socioeducacional.

1. Origem

Antes de começar a falar de psicodrama é fundamental que se conheça algo sobre o seu criador, o médico Jacob Lévy Moreno (1889-1974) e as circunstâncias em que o psicodrama nasceu.

Segundo vários de seus estudiosos (Marineau, 1992; Gonçalves, Wolf e Almeida, 1988; Blatner e Blatner, 1996; Fonseca Filho, 1980), Moreno era uma pessoa rara – extrovertida, carismática, um bom orador com uma disposição e uma vitalidade "incríveis" para o trabalho. Nasceu em Bucarest, capital da Romênia, no ano de 1889. Sua família saiu da Romênia quando ele tinha cinco anos de idade, radicando-se em Viena, na Áustria.

Moreno sofreu profunda influência religiosa da mãe que, apesar de professar a religião judaica, estava muito próxima dos valores cristãos adquiridos na escola católica, onde fora educada. No período entre 1907 e 1910, ele e alguns amigos formaram a *Religião do encontro*, e por essa "religião" o grupo expressava sua rebeldia diante dos costumes estabelecidos na época, tendo como objetivo ajudar-se mutuamente e aos outros. Segundo Almeida:

> Entre o final do século XIX e o início dos anos 30, a região denominada Europa Central viveu a explosão do industrial, com a conseqüente expansão do capitalismo.
> Em oposição à vida industrial, à mercantilização e aos conhecimentos ditos técnico-científicos, surgiu ali, por aquele tempo, um amplo e fundo movimento que pregava a crítica radical da civilização industrial-burguesa, o retorno à religião e à preocupação com a espiritualidade (1991, p. 21).

Em 1912, já estudante de Medicina, em Viena, Moreno conheceu Freud e a psicanálise durante uma conferência na Universidade de Viena, quando, respondendo a uma interpelação de Freud sobre sua atividade, Moreno disse:

> Bem, Dr. Freud, comecei no ponto em que o senhor desistiu. O senhor atende as pessoas no ambiente artificial de seu consultório. Eu as encontro nas ruas, em suas casas, no seu ambiente natural. O senhor analisa seus sonhos e eu tento estimulá-las a sonhar de novo. Eu ensino as pessoas a representar Deus (Marineau, 1992, p. 44).

A maneira pouco convencional como Moreno trabalhava o levou a procurar situações em que pudesse colocar em prática suas idéias.

Em 1913, juntamente com o Dr. Wilhelm Green, médico, e Carl Colbert, jornalista, Moreno desenvolveu um trabalho com prostitutas da zona boêmia vienense. Utilizando-se de técnicas grupais, procurou conscientizá-las da sua situação marginal, levando-as a se organizar num tipo de sindicato.

No ano de 1916, durante a Primeira Guerra Mundial, trabalhou num campo de refugiados tiroleses – campo de Mittendorf, situado nos arredores de Viena. Foi onde fez observações das interações psicológicas entre os elementos do grupo de refugiados. Segundo Marineau (1992), seu trabalho no campo de Mittendorf é especialmente interessante e pode ser considerado uma introdução ao desenvolvimento da teoria sociométrica. Sociometria, para Moreno, é a ciência da medida do relacionamento humano, e o teste sociométrico é um meio de medir a organização de grupos.

Moreno formou-se em Medicina em 1917.

Em 1921, fundou o *Teatro vienense da espontaneidade*, experiência que sedimentou as bases de suas idéias da Psicoterapia de Grupo e do Psicodrama. A primeira sessão psicodramática aconteceu em 1921, em Viena. Em tempos difíceis de pós-guerra, o tema era a busca de uma nova ordem para as coisas. Segundo Gonçalves:

> O próprio Moreno vê no período em que se dedicou ao teatro uma transição de sua fase religiosa para a científica. Diz que superada a fase religiosa, em vez de fundar uma seita, ingressar num mosteiro ou criar uma teologia, aproveitou sua idéia da "espontaneidade como natureza primordial que é imortal e reaparece em cada nova geração" para se rebelar contra o falseamento das instituições sociais (da Família à Igreja) e a robotização do ser humano. No teatro ele vislumbrava a possibilidade de iniciar sua revolução a partir da investigação da espontaneidade no plano experimental (1988, p. 13).

Vale ressaltar que, segundo A. A. Schutzenberger:

> Espontaneidade não é fazer qualquer coisa em qualquer momento, em qualquer lugar, de qualquer maneira e com qualquer pessoa, o que seria uma espontaneidade patológica. Em psicodrama, ser espontâneo é fazer o oportuno no momento necessário. É a resposta boa a uma situação geralmente nova, e por isto mesmo difícil. Deve ser uma resposta pessoal, integrada, e não uma repetição ou uma citação inerte, separada de sua origem e de seu contexto (*Apud* Martín, 1996, p. 132).

Em 1925, Moreno emigrou para os Estados Unidos, ou por motivos particulares como disse ele, ou por dificuldade em ter suas idéias aceitas na Europa, como disseram outros. Em 1927 fez a primeira apresentação do psicodrama nos Estados Unidos e a partir de 1929 fez apresentações em outros lugares, para o grande público. Em 1931 introduziu o termo "psicoterapia de grupo". A partir de seu trabalho em uma escola de reeducação de jovens em Nova York, interessou-se mais profundamente pela investigação e mensuração das relações interpessoais, fundamentando, então, os métodos da *Sociometria*. Em 1936, Moreno mudou-se para Beacon House, local próximo à Nova York, e construiu lá o primeiro Teatro de Psicodrama.

Nos anos que se seguiram ocupou-se da publicação de periódicos e de artigos de outros inovadores nos campos da psicologia, sociologia e educação. Nesse período organizou a primeira associação de psicoterapeutas de grupo e ofereceu sessões abertas de psicodrama na cidade de Nova York. Esse tempo foi marcado, também, pela estruturação de suas idéias como método de psicoterapia, sendo finalmente aceito pela comunidade científica dos Estados Unidos.

Desde o final da década de 1940, ele e a então esposa, Zerka, "foram incansáveis no esforço de compartilhar, ensinar e demonstrar os princípios da espontaneidade e da criatividade como aspectos fundamentais do potencial humano" (Blatner e Blatner, 1996, p. 34).

Em 1973, é um dos fundadores da IAGP (International Association of Group Psychotherapy).

Jacob Lévy Moreno faleceu no dia 14 de maio de 1974, em Beacon House.

2. A visão moreniana de homem

Segundo Moreno, o homem, ao nascer, já traz consigo as características inatas: espontaneidade, criatividade e sensibilidade (Gonçalves *et al.*, 1988). Porém, durante a vida, ele está sujeito às influências da sociedade que podem e, quase sempre, inibem essas características. É quase natural, então, que, na sua trajetória, o homem possa perder essas características; porém, é sempre possível a sua recuperação pela renovação das relações afetivas e pela possibilidade de transformação do meio.

O homem nasce espontâneo, mas deixa de sê-lo devido aos obstáculos que encontra no ambiente afetivo-emocional, tanto no grupo mais próximo (família) quanto no sistema social mais amplo.

Moreno afirma que, ao romper com padrões de comportamento automatizados do ser humano – as conservas culturais[1] –, há a possibilidade de recuperação da espontaneidade e da criatividade. O homem só estará vivendo a plenitude de sua condição de ser humano se tiver a possibilidade de ser o agente, o construtor do seu destino. A espontaneidade é um fator essencial para as respostas novas ou renovadoras que levam à transformação de situações preestabelecidas.

Buscando seu ajustamento a si próprio, e ao mesmo tempo mantendo sua espontaneidade, o homem tem a possibilidade de modificar dada situação ou estabelecer uma nova, pela criatividade. A espontaneidade e a criatividade são indissociáveis. É por meio da espontaneidade que a criatividade se atualiza e se manifesta. Segundo Blatner e Blatner:

> J. L. Moreno, M. D., criador do psicodrama, descobriu que o fenômeno da espontaneidade é componente essencial da criatividade, e que as atividades que estimulam esta característica servem para nutrir a responsabilidade e a liberdade pessoais e interpessoais (1996, p. 10).

3. Fundamentos do psicodrama

São muitas as conceituações existentes para o que venha a ser o "psicodrama". Moreno diz que é "a ciência que explora a

1. "Conserva cultural" é a expressão utilizada por Moreno para a cristalização de uma ação criadora em um produto que passará a integrar o acervo cultural de determinada sociedade. Menegazzo *et al.*, 1995, p. 62.

'verdade' por métodos dramáticos" (1992, p. 17). Com palavras semelhantes, Bustos, esclarece os dizeres de Moreno:

> Drama é uma palavra grega que significa ação ou algo que se realiza. Psicodrama pode, portanto, definir-se como aquele método que investiga a fundo a verdade da alma mediante a ação (1982, p. 62).

Tomando por base esse conceito, é fácil compreender que não é possível aprender psicodrama por outro meio que não seja o da ação, pois esta se constitui na própria essência do psicodrama. Psicodrama é ação.

Como se pode verificar no Capítulo 4 deste livro, da professora Leni Verhofstadt-Denéve, para se aprender essa metodologia, a vivência psicodramática é indispensável. A teoria é um aspecto importante desse aprendizado que só será válida como fundamentação da ação psicodramática.

O psicodrama é, normalmente, aplicado com o objetivo de cultivar e utilizar a criatividade na psicoterapia, na educação e em outros contextos. Trata-se de um campo com uma abordagem muito ampla e muito rica em possibilidades. Um dos principais objetivos do psicodrama é propiciar ao indivíduo o desenvolvimento da sua espontaneidade, aumentando sua capacidade de fazer escolhas, de adaptar-se a si próprio, de organizar-se diante das inúmeras situações que a sua existência lhe apresenta, propiciando-lhe crescimento pessoal e participação social construtiva ao longo da sua vida.

3.1 Instrumentos e etapas

O psicodrama tem características próprias que o diferenciam de outras metodologias ativas. Para a sua realização, conta com cinco instrumentos que, conforme encontramos em Yozo (1996) e Gonçalves *et al.* (1988), são:

- Cenário: é o palco ou o espaço multidimensional e móvel, real e virtual, onde acontece a ação dramática. É o espaço do "como se", onde tudo é permitido, dentro das regras estabelecidas. Nele pode-se imaginar e criar ambientes variados com apenas uma linha traçada no chão; o importante é que todos os participantes adotem as mesmas convenções e relações com o espaço.

- Protagonista: é quem centraliza a ação dramática, constrói o contexto dramático, desenvolve o tema, desempenha papéis, expõe os sentimentos e/ou expressa conflitos. Pode ser uma ou mais pessoas, ou, ainda, o grupo todo.
- Diretor: é a quem cabe aquecer a platéia, detectar o protagonista, organizar as diferentes seqüências dramáticas, perceber os possíveis papéis a representar, indicar as ordens aos egos auxiliares, não se esquecendo de manter-se em contato com a platéia e coordenar os comentários (compartilhamento) ao final da vivência.
- Ego auxiliar: geralmente, o ego auxiliar é um psicodramatista formado que trabalha em equipe com o diretor; outras vezes, pode ser um componente da platéia escolhido pelo diretor para ajudá-lo. É o ego auxiliar quem entra em contato direto com o protagonista, sendo intermediário entre este e o diretor (faz pelo diretor o que ele próprio não pode fazer, por estar "dirigindo" a sessão e não "atuando" nela). Ele tem a função de manter uma atitude atenta a tudo que acontece em cena, seguindo a linha condutora do diretor, interagindo criativamente com o protagonista ou com outros papéis em ação. O ego auxiliar tem função tríplice: ator, auxiliar do protagonista e observador social.
- Público: é o conjunto dos demais participantes da sessão psicodramática, que assistem à dramatização principal sem desempenhar nela nenhum papel ou ter alguma atuação direta no palco. Diferentemente da platéia passiva de um teatro ou cinema, participam ativamente e sofrem declaradamente as influências da ação dramática. Tanto no aquecimento quanto no compartilhamento, ou seja, tanto na etapa inicial quanto final de uma sessão, o público é ativamente solicitado.

A sessão de psicodrama é dividida em três etapas distintas: aquecimento, dramatização e comentários. Como o leitor verá no Capítulo 5, o relato apresentado pelos alunos foi sistematizado segundo essa ordem.

A primeira etapa é o aquecimento, por meio do qual se escolhe o protagonista ou o tema e se prepara a dramatização. É dividido em duas subetapas: o aquecimento inespecífico, feito no início da sessão psicodramática, inicia a sessão com uma temática global e encaminha a escolha do tema protagônico ou do protagonista; e, em seguida, o aquecimento específico prepara o protagonista (e/ou o grupo) para dramatizar um papel determinado.

A etapa seguinte é a dramatização, momento em que se dá a ação dramática propriamente dita. É importante deixar claro que a dramatização psicodramática não é teatralização. Segundo Blatner e Blatner (1996, p. 10), "o 'drama' no psicodrama não é de caráter teatral e sim refere-se ao aspecto da flexibilidade de papel e à idéia de que podemos retrabalhar nossas vidas como se elas fossem situações dramáticas e nós fôssemos autores teatrais".

A última etapa consiste nos "comentários", ao final da dramatização. É o momento em que todo o grupo compartilha suas emoções e aprendizagens, ocorrendo o reconhecimento afetivo e intelectual. Como veremos no capítulo a seguir, a dramatização alavanca o estabelecimento do diálogo e da reflexão, que ocorrem nesta última etapa.

3.2 Técnicas do psicodrama

Antes de falarmos das técnicas do psicodrama, devemos conceituar Matriz de Identidade que, segundo Moreno, "é a placenta social da criança, o lócus em que ela mergulha suas raízes" (1992, p. 114).

Moreno dividiu a Matriz de Identidade em três fases, seguindo as etapas do desenvolvimento fisiológico, psicológico e social por que a criança passa, não deixando de considerar a herança cultural do meio em que está inserta. É na Matriz que a criança passa por processos de aquecimento preparatório para seus atos, assimila e desenvolve papéis que serão desempenhados durante sua existência. Também é nela que os vínculos serão formados e fortalecidos.

Primeira fase da Matriz de Identidade – identidade do EU (EU-EU)

Esta primeira fase da Matriz corresponde ao período em que o universo da criança se apresenta de forma indiferenciada, ou seja, a criança, a mãe e o mundo formam uma só coisa. Num primeiro momento, o bebê não diferencia objetos de pessoas, fantasia de realidade. Não distingue o EU do TU, e para ele há apenas o tempo presente e todas as relações são de proximidade - aqui-agora.

Nessa fase, a criança necessita de alguém que cuide dela, alguém que faça o papel de seu ego auxiliar; esse período de "identidade cósmica serve como fundamento teórico para a técnica psicodramática do *duplo*" (Fonseca Filho, 1980, p. 85).

Segunda fase da Matriz de Identidade – reconhecimento do EU (EU-TU)

Em seu processo de desenvolvimento, a criança passa por outro estágio: o reconhecimento de si mesma, que se dá num entrelaçamento da concentração da atenção em si mesma e no outro. Há uma fase em que a criança, diante do espelho, não se reconhece; vê apenas um bebê (o outro). "Mais tarde, toma consciência de que a imagem refletida é ela mesma, reconhece-se." (*Idem*, p. 87)

Nessa fase, seu universo já se apresenta diferenciado, ou seja, percebe que seu corpo está separado da mãe, dos objetos, de tudo que a rodeia. Toma consciência de sua individualidade, de sua existência no mundo como um corpo que tem seu espaço próprio. De acordo com Fonseca Filho (1980), nesse estágio, identifica sensações de dor, frio, fome; inicia-se o processo de discernimento entre distância-proximidade, carinho-agressividade, relação-solidão.

Moreno trouxe desta fase da Matriz de Identidade o embasamento teórico para a técnica psicodramática do *espelho*. No entender de Fonseca Filho, essa fase também serve de base teórica para o *solilóquio*, uma vez que se pode tomar distância e refletir sobre o nosso relacionamento com outro ou sobre o outro.

Terceira fase da Matriz de Identidade – o reconhecimento do TU (EU-ELE)

Na verdade, a distinção entre essa fase e a anterior é apenas didática, pois "ao mesmo tempo em que está se reconhecendo como pessoa, se está também no processo de perceber o outro, de entrar em contato com o mundo, de identificar o Tu" (*Idem*, p. 88).

Nesse estágio, a criança, como já tem garantido o reconhecimento de si mesma, é capaz de se colocar no papel da mãe; percebe as diferenças que há entre ela e o outro, como também percebe que o outro tem sentimentos e reações em relação às suas iniciativas. Trata-se de um processo de aprendizagem importantíssimo para o estabelecimento futuro de relações minimamente satisfatórias.

Nessa fase, encontram-se os primeiros ensaios de *inversão de papéis*, que vai se consolidar mais tarde. Como cita Yozo (1996), primeiramente ocorre o *role-taking* (tomada, adoção) do papel para depois haver a inversão de papéis. Conforme Fonseca Filho, "atingir a fase de inversão de papéis é um sinal de maturidade, de saúde psicológica" (1980, p. 96).

3.2.1 Técnicas básicas

Segundo Blatner e Blatner, "o leque de técnicas psicodramáticas é potencialmente infindável" (1996, p. 159). Contudo, são três as técnicas básicas do psicodrama, que têm seu embasamento teórico nas fases do desenvolvimento da Matriz de Identidade, ou seja, Identidade do Eu, Reconhecimento do Eu e Reconhecimento do Tu.

- Duplo: trata-se de uma técnica que deve ser utilizada quando o protagonista está impossibilitado por timidez ou inibição – ou, ainda, tem muita dificuldade para se expressar verbalmente. Quando isso ocorre, o ego auxiliar faz o papel de duplo e adota a mesma postura, expressão corporal e gesticulação do protagonista e fala de acordo com sentimentos e emoções que consegue captar naquele momento da dramatização. O duplo tem a função de ajudar o protagonista a se expressar e a trazer à tona conteúdos que não consegue verbalizar. Expressa-se como se fosse o protagonista. Em situações educacionais, podemos utilizar essa técnica com o objetivo de levar o aluno a se desinibir, a se expressar melhor e mesmo a estabelecer vínculos com mais facilidade.

- Espelho: essa técnica propicia ao protagonista condições de melhorar a autopercepção. Consiste em transformar o protagonista em um espectador de si mesmo, fazendo-o ficar na platéia assistindo a cenas em que um ego auxiliar o representa, procurando reproduzir seu modo de se movimentar, de se comportar e de se comunicar com pessoas do seu meio social ou de seu mundo interno.
- Inversão de papéis: consiste em fazer o protagonista tomar o papel do outro e este tomar o seu papel. Segundo Fonseca Filho, "dentro desta técnica repousa grande força da teoria moreniana. Nela se inclui quase toda base teórica de Moreno: encontro, momento, tele, vínculo, papéis, espontaneidade etc." (1980, p. 17).

3.2.2 Algumas outras técnicas psicodramáticas

- Solilóquio: técnica em que o diretor congela a cena e pede a um dos atores que faça um "aparte", dizendo, em voz alta, o que pensa ou sente. Expressa-se como num monólogo, refletindo em voz alta sobre a cena dramatizada. Desse recurso, podem aparecer idéias, sentimentos ou percepções que não afloraram anteriormente.
- Interpolação de resistência: recurso psicodramático geralmente indicado pelo diretor e, na maioria das vezes, representado pelo ego auxiliar. Nesta técnica, é introduzida uma alteração não prevista ou improvável, durante o desenvolvimento da dramatização. Permite ou mesmo exige que o protagonista e/ou os demais atores respon-

dam criativa e espontaneamente diante de uma nova e inesperada situação.

- Projeção para o futuro: técnica em que se pede ao protagonista que imagine e explore como seria a situação que está sendo tratada naquele momento, "numa data futura determinada, projetando-a no futuro", próximo ou remoto.
- Jornal vivo: segundo Menegazzo (1995, p. 114), trata-se de uma técnica que Moreno utilizou em Viena e nos Estados Unidos. O tema a ser dramatizado era encontrado em alguns exemplares de jornais, distribuídos para uma rápida olhada pelos integrantes do grupo com o qual ele estava trabalhando. Com base nessa leitura, Moreno identificava as manchetes e notícias que produziam maior impacto no público, encontrando aí o tema que serviria como aquecimento para a dramatização. No campo educacional tal técnica é utilizada como proposta à reflexão.
- Jogo dramático: a expressão "jogo dramático" se justifica da seguinte forma: é jogo porque promove o lúdico, e é dramático pela proposta em trabalhar os conflitos que surgem. Várias são as interpretações e concepções do que é jogo dramático. Segundo Castanho:

> o jogo dramático difere de outros jogos por acontecer no contexto dramático e, além disso, por envolver os participantes emocionalmente na atividade de expressar as criações do seu mundo interno (Castanho, *apud* Yozo, 1996, p. 16).

Para Yozo (1996), o jogo dramático é utilizado com a proposta de que o indivíduo veja novas formas, novas alternativas de conduta e não uma única resposta para dada situação. O jogo dramático leva o indivíduo a soltar-se, a liberar sua espontaneidade e criatividade; é um meio de desentorpecer o corpo e a mente dos condicionamentos da vida atual.

O ideal é que o jogo dramático seja uma atividade voluntária, em que todos os participantes aceitem jogar. Ele tem regras específicas e é imprescindível que todos os participantes concordem com elas. Deve ter um tempo determinado de duração, de acordo com as suas características, e também um espaço adequado à sua realização. O jogo dramático se presta como instrumento valioso em muitas situações. O que se deve levar em conta, sempre, é que ele se torna tanto mais útil quanto maior for a sua adequação ao grupo e à situação.

4. Psicodrama no campo socioeducacional

Há um caminho a ser traçado entre o psicodrama terapêutico e o psicodrama pedagógico. O que ocorre é uma mudança nos objetivos e não nas técnicas psicodramáticas.

A educadora argentina, Maria Alicia Romaña (1987), à procura de um novo método didático, numa sessão de psicoterapia psicodramática, sentiu que, nas situações ali presenciadas e vivenciadas, estava próxima de encontrar as bases de uma nova metodologia de ensino.

Sua inquietação levou-a a fazer, durante três anos, o seminário de formação de psicodramatista que, embora seja uma formação específica para aplicação psicoterápica, dava-lhe base para a formulação de uma teoria adequada à aplicação em educação. Mesmo sendo o trabalho psicodramático uma linha indutiva, Romaña buscava respostas a várias questões que ela colocava em sua obra, como:

> - Como introduzir as dramatizações na sala de aula?
> - Como aconteceria a organização do conhecimento no aluno, quando trabalhado por meio de técnicas psicodramáticas?
> - Todas as técnicas psicodramáticas podem ser utilizadas na situação de aprendizagem?
> - Qual o grau de mobilização emocional compatível com a situação de aprendizagem?
> - Como o educador pode se organizar na coordenação das dramatizações?
> - A espontaneidade-criatividade pode ou não ser orientada?
> - Qual das formas prováveis de realização das dramatizações é a mais adequada para a situação de aprendizagem? (1987, pp. 17-8).

A última questão, sem deixar de lado as outras, é tomada como ponto inicial de sua investigação sobre como traduzir simbolicamente o conhecimento teórico.

A autora começou a realizar experiências em sala de aula, com alunos de várias faixas etárias, em meados da década de 1960 e denominou seu trabalho de Técnicas Psicodramáticas Aplicadas à Educação (1987).

Em outubro de 1969, como orientadora na formação de educadores do Grupo de Estudos de Psicodrama de São Paulo, diante da necessidade de nomear o seu curso, surgiu, pela primeira vez, o termo "psicodrama pedagógico".

Nesse curso, nas explicações das possibilidades didáticas do psicodrama, percebeu com clareza, também pela primeira vez, a correlação entre o que havia denominado de níveis de realização psicodramática (realidade, simbolismo, fantasia) e os mecanismos de aprendizagem. Nasceu, assim, a Metodologia Psicodramática ou Método Educacional Psicodramático.

Entre 1970 e 1973, Romaña produziu a segunda parte de sua investigação, a que denominou Estruturação da Teoria do Psicodrama Pedagógico. A principal característica dessa etapa era dar resposta às mais diversas solicitações, com realidades educativas diferentes.

A terceira etapa da investigação consistia em difundir o psicodrama pedagógico, "através de qualquer uma de suas expressões – educação da espontaneidade, técnica de desenvolvimento de papéis ou metodologia psicodramática" (*Idem*, p. 20).

Puttini *et al.* salienta que:

> o Psicodrama Pedagógico guarda a mesma visão de homem que norteia a filosofia moreniana, isto é, um ser essencialmente social, um "homem em relação", cujas características essenciais são a espontaneidade, a criatividade e a capacidade de perceber-se a si mesmo e ao outro, com amplitude e profundidade (tele) (1991, p. 24).

Como método educacional, o psicodrama realiza-se por meio de trabalhos em grupo, jogos e dramatizações, tal como propôs Moreno, favorecendo o conhecimento e as relações interpessoais.

O psicodrama, utilizado como método educacional, faz uso dos mesmos recursos e das mesmas estruturas do psicodrama terapêutico. Assim, estão presentes o duplo, o espelho, a inversão de papéis, o solilóquio, a interpolação de resistência etc. Segue também as três etapas: aquecimento, dramatização e compartilhamento, e utiliza os seus cinco instrumentos: diretor, protagonista, ego auxiliar, cenário e platéia.

Os três contextos psicodramáticos também estão presentes, a saber: social, grupal e dramático. Para Menegazzo (1995), no *contexto social* são mobilizado as interações dos papéis sociais e o discurso das pessoas que formam o grupo como sociedade. Assim, tudo que acontece representa, em menor escala, a sociedade em que o grupo está inserto. No *contexto grupal*, ao contrário, são mobilizados as interações e o discurso específico da comunidade representada pelo grupo, com sua história particular grupal, com as características próprias do seu processo. Por último, o *contexto dramático*, que é quase sempre aquele desenvolvido no cenário, no espaço conhecido como a área do "como se", onde é permitido que o simbólico e o imaginário aconteçam.

Por isso,

> o psicodrama torna-se um método adequado à nossa realidade educacional, uma vez que o material com que se pretende trabalhar é relacionado às experiências do grupo de alunos e reflete as suas vivências no seu meio social, não se correndo o risco, nessa forma de atuação pedagógica, de trabalhar os conteúdos de maneira inexpressiva para os alunos (*Idem*, p. 27).

O psicodrama visa ao ensino de conceitos, à fixação de conteúdos, às avaliações e ao desenvolvimento de papéis, além de dar ao aluno, ou a quem o vivencia, o prazer de descobrir e aprender, numa interação permeada pelo afeto.

Referências bibliográficas

AGUIAR, M. *O teatro terapêutico: escritos psicodramáticos*. São Paulo: Papirus, 1990.

____________. *Teatro espontâneo e psicodrama*. São Paulo: Ágora, 1998.

ALMEIDA, W. C. *Moreno: encontro existencial com as psicoterapias*. São Paulo: Ágora, 1991.

____________. *O que é psicodrama*. São Paulo: Brasiliense (Coleção Primeiros Passos, 228), 1990.

BLATNER, A.; BLATNER, A. *Uma visão global do psicodrama – fundamentos históricos, teóricos e práticos*. São Paulo: Ágora, 1996.

BUSTOS, D. M. *O psicodrama – aplicações da técnica psicodramática*. São Paulo: Summus, 1982.

FONSECA FILHO, J. S. *Psicodrama da loucura*. 4. ed. São Paulo: Ágora, 1980.

GONÇALVES, C. S. *et al. Lições de psicodrama: introdução ao pensamento de J. L. Moreno*. 4. ed., São Paulo: Ágora, 1988.

MARINEAU, R. F. *Jacob Lévy Moreno 1889-1974: pai do psicodrama, da sociometria e da psicoterapia de grupo*. São Paulo: Ágora, 1992.

MARTÍN, Eugenio. G. *Psicologia do encontro: J. L. Moreno*. 2. ed. São Paulo: Ágora, 1996.

MENEGAZZO, C. M. *et al. Dicionário de psicodrama e sociodrama*. São Paulo: Ágora, 1995.

MONTEIRO, R. F. *Jogos dramáticos*. 3. ed. São Paulo: Ágora, 1994.

____________. (org.). *Técnicas fundamentais do psicodrama*. São Paulo: Brasiliense, 1993.

MORENO, J. L. *Psicodrama*. 9. ed. São Paulo: Cultrix, 1992.

____________. *As palavras do pai*. Campinas: Psy, 1992.

____________. Psicoterapia de grupo e psicodrama. São Paulo: Mestre Jou, 1974.

PUTTINI, E, F. *et al. Psicodrama na educação*. Ijuí: Unijuí, 1991.

PUTTINI, E. F.; LIMA, L. M. S. (orgs.). *Ações educativas: vivências com psicodrama na prática pedagógica*. São Paulo: Ágora, 1997.

ROMAÑA, Maria Alicia. *Psicodrama pedagógico: método educacional psicodramático*. Campinas: Papirus, 1987.

____________. *Construção coletiva do conhecimento através do psicodrama*. Campinas: Papirus, 1992.

YOZO, R. Y. K. *100 jogos para grupos: uma abordagem psicodramática para empresas, escolas e clínicas*. 10. ed. São Paulo: Ágora, 1996.

3

O drama na formação de professores

Luzia Mara Silva Lima

Tornar-se professor é processo que começa ainda na primeira infância, com as experiências iniciais de aprendizagem, e se prolonga pela vida inteira. Na verdade, a forma e as experiências que vivenciamos como alunos parecem ter um papel decisivo da escolha das práticas e dos valores que adotamos quando nos tornamos profissionais de ensino. Quando um professor se encontra diante de um aluno, traz consigo o seu passado, pois nele estão presentes todos os "mestres" significativos (pais, familiares, amigos, professores, livros, situações etc.) que, um dia, ensinaram-lhe alguma coisa, na escola ou fora dela, sobre a escola ou sobre a vida. Nesse mesmo encontro está igualmente presente o futuro, dado que estão presentes todas as possibilidades de inventar diferentes maneiras de ser professor, de ter novas idéias, de formar e reformular conceitos, de aprender com os alunos e de dar outros significados ao próprio papel profissional.

O presente do professor joga-se, assim, entre as suas experiências de aprendizagem significativa e os seus projetos, objetivos e sonhos; enfim, o futuro que ele, no dizer de Miguel Torga "semeia como um vidente".

É esse conjunto de considerações que temos de levar em conta quando planejamos e iniciamos um processo de formação de professores: que os destinatários são portadores de um passado e em trânsito para um futuro.

1. A formação de professores em cartaz

O ensino como transmissão de conhecimentos, ainda que abundantemente criticado e censurado pelos professores, continua a ser, talvez, o paradigma dominante no ensino. Ainda que os professores façam a apologia da construção do conhecimento por parte dos alunos, dos métodos ativos, da participação do aluno nas decisões coletivas, enfim, numa pedagogia mais autonomizadora e "emancipatória", o certo é que por razões "pragmáticas" esta apologia não é concretizada na prática. Verifica-se, assim, que muito do tempo da aula é centrado na exposição do professor, as opiniões dominantes são emitidas pelo professor, ainda que a interação entre os alunos seja sistematicamente mediada pela onipresente e onisciente personalidade do professor. Alguns professores procuram contrariar estas práticas por estilos de ensino mais dialogantes. Eles podem, então, lançar perguntas para os alunos e introduzir questionamentos interessantíssimos que, certamente, suscitariam discussões polêmicas e instigantes. Com a mesma freqüência, porém, respondem às próprias perguntas e discorrem sobre o debate levantado, cortando pela raiz a possibilidade de qualquer diálogo, de qualquer discussão. Mal os alunos fazem silêncio, o pensar deles é interrompido com uma sucessão de colocações do professor. Dessa forma, mesmo uma estratégia de diálogo que supostamente induziria uma maior interação acaba por manter o mesmo padrão de comunicação e de "verdade".

A complexidade do "ser professor" nos é desvendada, do ponto de vista teórico, pela perspectiva de Edgar Morin e, do ponto de vista mais pragmático, por exemplo, pelos "Referenciais para formação de professores" (MEC, 1999), em que a lista de competências a serem alcançadas pelos professores ocupa várias páginas. Uma formação que se paute por critérios atuais exige que os técnicos que vão assegurar a sua formação inicial façam muito mais do que veicular informações. Sem dúvida, o professor em formação deve dominar conhecimentos que lhe proporcionem abordagens iniciais e lhe confiram confiança para o seu trabalho, mas não é menos verdade que muitas das situações que se passam na sala de aula têm um grande caráter de imprevisibilidade. Neste sentido, o professor, por ser uma pessoa e por lidar com pessoas, deve ser capaz de desenvolver a sua atividade em ambientes pouco previsíveis, em processos que se encontram por vezes pouco claros e em que é preciso "esperar para ver" e ir gerindo situações que dificilmente podem ser resolvidas "na hora" ou para as quais há uma solução única e permanente. Assim, na formação, é preciso gerar situações tais que, para lidar com elas, os futuros professores tenham de relacionar dados, reportar-se a contextos concretos, ter domínio do conteúdo conceitual a ensinar, ter uma inteligência interpessoal que os permita fazer a ponte entre aquilo que sabem e a maneira como agem, ter consciência dos motivos que os levaram a tomar decisões, além de outros saberes, habilidades e competências.

Para gerar tais situações formativas, o ponto de partida deve, necessariamente, ser o formando como pessoa, mais do que como aluno. Usando uma linguagem teatral, podemos dizer que o desenvolvimento da pessoa e do seu papel profissional são o título e a trama da peça em cartaz e um grande holofote deve estar direcionado para o diálogo – ator principal que, na maior parte do tempo, deve ocupar a posição central. As outras luzes, não menos importantes, devem estar direcionadas para os atores coadjuvantes – técnicas que co-atuam no palco para ajudar a dar destaque ao diálogo (como, por exemplo, as técnicas dramáticas, as vivências e as dinâmicas de grupo). O cenário é o currículo, cuidadosamente planejado, quase que esculpido para ser um lugar em harmonia com a história encenada: "Era uma vez uma pessoa, que era professor...".

Não se pode mais prender a formação profissional a modelos de ensino em que o professor fala e o aluno ouve, em que o professor recomenda ao aluno atitudes que nem ele assume, como: "Façam o que eu mando, mas não façam o que eu faço" (Lima, 2001). É ilusório pensar que ensinamos futuros professores a estabelecer um diálogo aberto e positivo com seus alunos, simplesmente dizendo-lhes: "Dialoguem com seus alunos".

Não haverá, certamente, maior incentivo para que os futuros professores usem dada metodologia do que eles próprios a terem experimentado, com sucesso, enquanto alunos. Assim, formandos habituados a dialogar com resultados positivos serão certamente professores que saberão dinamizar o diálogo e acreditarão nele enquanto estratégia de ensino. Paulo Freire refere-se muito claramente a esta perspectiva, ao dizer "na medida em que [...] nos comunicamos uns com os outros, enquanto nos tornamos mais capazes de transformar nossa realidade, somos capazes de *saber que sabemos*, que é algo *mais* que só saber" (Freire e Shor, 2000, p. 123).

A aprendizagem implica, obviamente, uma tomada de consciência. Não se trata só de saber, mas, sobretudo, de *sabermos que sabemos*, isto é, que houve uma tomada de consciência do nosso "saber-fazer". Sendo formadores de professores, todos os dias lidamos com profissionais em processo de formação. Freqüentemente, muitos dos nossos alunos já exercem alguma atividade docente, são ou deveriam ser estagiários. Esta situação cria uma diferença sensível entre os nossos alunos: de um lado, os alunos que iniciam a formação sem uma grande experiência profissional; de outro, aqueles já com uma experiência profissional. Para os primeiros, devemos priorizar a tomada de consciência dos fazeres e saberes que eles trazem consigo e que são suporte para a aquisição e o desenvolvimento de habilidades e competências futuras, específicas da docência. No caso do aluno experiente, voltamo-nos para a pesquisa/reflexão crítica sobre toda a sua ação educativa, valorizando principalmente o que já existe de positivo em sua atuação profissional.

Não raro, quando permitimos aos alunos que se expressem e se coloquem no papel de professores, espantamo-nos com o seu elevado nível de saber docente. Isso se passa tanto com os alunos "experientes" como com os "não-experientes". A questão é que nem mesmo eles sabem o quanto sabem. Quando tomam consciência do próprio potencial, fazem uso dele em favor de uma prática mais bem estruturada, fundamentada e segura, atribuindo progressivamente seus êxitos e fracassos mais às próprias realizações do que a fatores externos ou mágicos como, por exemplo, a receptividade ou "qualidade" da classe ou a sorte.

Na verdade, aquilo que os professores muitas vezes chamam de "intuição" são as suas competências em obter indícios muito precisos e ligados a um conhecimento profundo da classe, de cada aluno e dos conteúdos didáticos de referência (Faingold, 2001). Para que eles reconheçam e passem a assumir a autoria de suas decisões, é necessário "converter em palavras as informações obtidas e as inferências que explicam a decisão tomada", pois isso permite "atingir o âmago de processos complexos que põem em jogo, em cada caso particular, uma combinação de saberes e de *savoir-faire* [saber-fazer] que são a marca específica da perícia do professor" (*Idem*, p. 123).

Para poder colocar em palavras e formular um sistema explicativo para suas ações educativas, o diálogo, como vimos, é condição primordial. Ele permite a reflexão sobre uma prática que não precisa acontecer apenas e necessariamente em tempo e dimensão reais. Aqui, o mundo do "como se", da "fantasia", ganha destaque. A imaginação e a recriação de situações podem, assim, ser um laboratório de experiência da infinita variabilidade que os professores encontrarão na sua prática. Acresce ainda que, se existe um momento em que o professor pode fraquejar, pode ficar tolhido pela indecisão ou agir inadequadamente, esse é sem dúvida durante a sua formação e o melhor lugar para isso acontecer é na presença firme e acolhedora do seu formador e de seus colegas, em situações que simulem a vida pessoal e profissional de um educador. É neste sentido que Faingold defende o que chama de uma "prática protegida", em que o estagiário tenha o direito de errar, "em que proceda por tentativas e repetições, em que experimente estratégias tão variadas quanto possível, em que acumule as experiências aproveitando o tempo de análise aprofundada" (*Idem*, p. 126).

Todas estas questões relativas à formação de professores esbarram, necessariamente, na questão do currículo dos cursos e na forma como eles são concebidos. Embora as legislações permitam flexibilidade (refiro-me tanto à realidade brasileira quanto à portuguesa), é raro encontrarmos propostas inovadoras que rompam com os modelos existentes. Na grande maioria das vezes, a estrutura destes cursos tem uma orientação muito mais teórica, contando com a disciplina de estágio (e, eventualmente, didática ou metodologias de ensino) para fazer a reflexão crítica sobre a prática. Parte-se do pressuposto de que a qualidade da atuação docente é garantida pelo saber conceitual do professor. Ou seja, sua prática será tão mais eficiente quanto melhor ele conhecer o desenvolvimento humano, a aprendizagem, a história e a filosofia da Educação, as diferentes correntes pedagógicas e assim por diante, como se o "saber procedimental" fosse conseqüência natural do "saber conceitual". Com um trabalho geralmente solitário, o professor de estágio se encontra na descomunal tarefa de abarcar todas as outras disciplinas e de correlacionar toda a teoria com a prática docente que pretende que os futuros professores desenvolvam. Assim concebidos, tais cursos assumem uma posição claramente dicotômica entre teoria e prática.

Outra concepção curricular é aquela que busca aproximar este distanciamento, por meio de projetos desenvolvidos em conjunto, numa tentativa de trabalho interdisciplinar. De um lado (e, geralmente, nos primeiros anos do curso), estão as disciplinas de fundamentação teórica, com a função de tentar nivelar o conhecimento das turmas, principalmente porque os alunos ingressantes são muito "heterogêneos" [*sic*!], em termos de saberes e experiências profissionais anteriores. De outro lado, aparecem as matérias de cunho mais prático (planejamento, metodologia, didática, avaliação) que, articuladas com o estágio, assumem o papel de preparar o aluno para a carreira, tendo como alicerce a teoria ensinada nas outras disciplinas. Neste tipo de currículo, embora o estágio não esteja mais sozinho, as disciplinas continuam isoladas em duas alas diferentes, as "teóricas" de um lado e as "práticas" de outro.

Há, por fim, os raros currículos nascidos em projetos político-pedagógicos que articulam teoria e prática desde a sua concepção. Estes não dependem da boa vontade dos professores para trabalharem juntos, nem da dedicação de um ou outro grupo de docentes que desenvolvem projetos em conjunto. São currículos criados pelo trabalho em equipe que, adotando o diálogo como metodologia, têm a reflexão crítica como ponto comum a todas as disciplinas, sejam elas de orientação mais teórica ou mais prática. Comungando de uma concepção única do que seja uma "práxis transformadora",[1] consideram que a heterogeneidade é uma característica humana positiva e que são exatamente as diferenças que devem ser aproveitadas em favor da construção de um saber educativo mais apurado. Longe de tentar qualquer nivelação de culturas, conhecimentos, experiências e saberes, valem-se das diferenças entre o perfil de cada educador (seja ele o professor formado ou o aluno em formação) para propiciar uma leitura complexa e multifacetada da realidade educacional e de suas contingências.

Embora as técnicas dramáticas possam ter o seu valor nos três tipos de currículo apresentados, geram melhores frutos neste último caso, por serem coerentes com concepções em que teoria e prática, ação e reflexão caminham interativamente. A seguir, daremos algumas pistas sobre como essas técnicas podem contribuir para a formação profissional e pessoal do professor, entendendo que a divisão entre o "profissional" e o "pessoal" é meramente didática.

2. O drama na formação profissional do professor

Como anunciado na apresentação deste livro, convencionamos chamar de "técnicas dramáticas" aquelas que derivam da transposição do psicodrama para contextos educacionais. Segundo o criador do psicodrama, J. L. Moreno, este pode ser definido como "a ciência que explora a *verdade* por métodos dramáticos" (1993, p. 17). Assim, o psicodrama, em seu contexto psicoterapêutico, explora a "verdade" íntima, pessoal, privada de determinada pessoa. No "psicodrama pedagógico" –

---

1. Sobre este assunto, sugiro fortemente que o leitor dedique especial atenção ao Capítulo 6 deste livro, "Vivência e práxis: relações dialéticas", da professora Olinda Maria Noronha.

termo cunhado pela argentina Maria Alícia Romaña (*apud* Puttini e Lima, 1997) –, a intimidade é preservada e explora-se a "verdade" socializável de uma pessoa ou do grupo. Neste campo, portanto, podemos explorar a "verdade" acerca do conteúdo conceitual de determinada matéria, por exemplo. Podemos, também, investigar os componentes de determinado papel profissional ou social e aprimorá-los sistematicamente. Dentre várias outras possibilidades, podemos, ainda, investigar os vínculos existentes entre os membros de um grupo, tratar de aproximar os membros isolados e resolver conflitos interpessoais e intergrupais.

Obviamente, sendo técnicas originárias do teatro, trazem daí também as terminologias utilizadas: dramatização, cena, papel, espaço cênico, diretor, protagonista etc., cujas conceituações encontram-se no capítulo anterior, "Psicodrama e educação".

Considerando que a palavra "drama" significa "ação", as técnicas dramáticas assumem a integração existente entre ação, pensamento e sentimento. A intervenção por meio do drama não significa, obviamente, um menosprezo da comunicação verbal; pelo contrário, esta ocorre abundantemente mas dentro de um contexto ativo, que pode ser uma dramatização espontânea (ou seja, uma encenação com uma história, mas sem um texto previamente estudado), um jogo dramático, uma dinâmica ou até mesmo uma produção (como um desenho, uma pintura, uma escultura, uma construção com sucata, enfim, algo que simbolize ou represente aquilo que a pessoa pretende transmitir). O diálogo, em forma de comunicação estritamente verbal, ocorre também, e com especial ênfase, na etapa final da vivência, quando todos os participantes compartilham as ressonâncias que a experiência gerou em cada um.

"Não me conte: mostre-me." Este é o princípio. Em vez de um professor "falar" sobre uma cena de sua vida profissional (pensar), ele "mostra" como a cena ocorreu (agir), podendo usar objetos ou pessoas para assumirem o papel dos outros personagens envolvidos na situação original. Ao mostrar a cena – como uma espécie de *replay* que vai desde a montagem do cenário e a escolha dos personagens até a dramatização propriamente dita – as emoções e os sentimentos são explicitados com maior clareza (sentir) e podem ser mais facilmente observados pela própria pessoa e pelos demais envolvidos.

Este procedimento favorece a que o futuro professor tome maior consciência das situações profissionais vividas, como foi o caso de um aluno que, certa vez, reclamou: "Meu diretor é muito fechado e distante e não permite que eu me aproxime dele para conversarmos". Quando foi solicitado a mostrar uma cena da relação entre ambos, o aluno escolheu um colega para representar o diretor, posicionando-o de um lado do espaço cênico (no caso, o centro do círculo formado pelas carteiras da classe). Foi para o outro lado do espaço, cruzou os braços, juntou os pés, ergueu a cabeça e, neste mesmo instante, sem qualquer interferência das pessoas que estavam na sala, deu-se conta de que ele próprio era quem estava "fechado" (braços cruzados), "distante" (do outro lado do espaço) e sem demonstrar a intenção de mover-se em direção ao diretor (pés unidos).

Talvez, a técnica mais conhecida no âmbito da formação de professores seja o *role-playing* ("jogo de papel" ou "treinamento de papel"). É utilizado quando se pretende que a pessoa aprenda, estruture ou otimize um papel profissional ou social. Segundo Menegazzo, "o procedimento dramático dos jogos de papel acena precisamente para a resolução das dificuldades normalmente suscitadas por qualquer papel desconhecido" (1995, p. 114). Aqui, o papel de professor deve ser colocado num contexto o mais real possível, integrando na dramatização personagens que representem papéis complementares (aluno, diretor, coordenador etc.), de maneira que a situação seja o mais verossímil possível. Fazendo uma analogia com o treinamento de pilotos, o *role-playing* é o "simulador de vôo" do professor. Dentre uma série de variações, pode-se, por exemplo, pedir à pessoa que represente uma cena com um roteiro fixo (como num teatro); pode-se dar a ela o papel de um professor com um perfil predeterminado. Pode-se também pedir que assuma o papel livremente, sem um roteiro a seguir. Outras possibilidades são ainda possíveis, tais como colocar vários professores, simultânea ou alternadamente, no espaço cênico, para que lidem com a mesma situação, ou colocar a mesma pessoa no papel de professor, alterando-se as situações.

No que diz respeito à tomada de decisões, reprisar uma cena profissional auxilia o professor a perceber melhor o contexto e os motivos que o influenciaram em suas atitudes e escolhas. O objetivo é ajudar o profissional a analisar criticamente sua didática, descobrir os porquês de suas atitudes pedagógicas e responsabilizar-se por suas escolhas, sem atribuí-las, como já foi dito, à sorte ou ao acaso. Dando continuidade à dramatização, é possível que a pessoa anteveja as prováveis conseqüências de suas decisões, fazendo-se uso da técnica da "projeção no futuro". Nesta técnica solicita-se aos participantes que assumam os mesmos personagens da história reprisada, porém, agora, explorando cenas ocorridas uma semana, um ano ou dez anos mais tarde.

Por meio da inversão de papéis, um professor pode colocar-se no lugar de cada uma das pessoas envolvidas na situação dramatizada, para tentar compreendê-la também do ponto de vista dos outros. Este "descentrar-se", ou esta saída do professor do seu papel, assumindo o de seus alunos, por exemplo, permite-lhe perceber melhor: 1) como ele ensina; 2) como o aluno é ensinado; e 3) como se sente o aluno ao ser ensinado desta forma por este professor. Um jogo possível que envolve essa inversão de papéis consiste em pedir ao professor em formação que tome o papel de um de seus alunos e depois pedir ao aluno (representado pelo professor em formação) que diga aos colegas três características positivas e três negativas do seu professor.

Em termos de gestão da sala de aula, é possível investigar os vínculos existentes entre alunos e/ou grupos de alunos, bem como trabalhar a dinâmica da classe a fim de gerar uma melhor coesão, estabelecer regras de trabalho e de convivência, solucionar problemas de disciplina e até mesmo incluir, no grupo, os membros que porventura estejam isolados. A "aprendizagem cooperativa" tem sido alvo de inúmeros estudos, tendo sido comprovadas as suas vantagens em relação à aprendizagem individual (Bessa e Fontaine, 2002). Este tipo de aprendizagem, que implica necessariamente um trabalho em equipe, é largamente facilitado quando o professor organiza as suas práticas atentando a importância da dinâmica na interação entre pessoas e grupos, tal como é, por exemplo, apresentada por J. L. Moreno (Almeida, 1998; Bustos, 1980; Moreno, 1993).

As técnicas dramáticas e ativas são válidas também para o ensino de conteúdos conceituais específicos. Em "psicologia do desenvolvimento", antes da leitura dos textos adotados, é possível dividir a classe em subgrupos, sorteando-lhes dada faixa etária (de 0 a 2 anos, de 3 a 6 anos, de 7 a 11 anos, e assim por diante). Então, pede-se aos grupos que dramatizem: "De que brincam?" ou "O que gostam de fazer as crianças ou os jovens, nesta idade?". A partir das dramatizações apresentadas, quase todo o conteúdo programático pode ser abordado, como o desenvolvimento psicomotor, cognitivo, afetivo, moral e social. Outra abordagem interessante consiste em pedir aos grupos que, em lugar de dramatizar, representem o que foi pedido com recortes de papéis coloridos e colagem em cartolinas. As produções, dispostas lado a lado, em ordem crescente de idades, estampam de maneira simbólica o conteúdo que, posteriormente, será conceituado e fundamentado pela leitura e discussão dos textos.

De todas as riquíssimas experiências que temos tido com a formação de professores usando as técnicas psicodramáticas, podemos ressaltar a seguinte:

> No primeiro dia de aula da disciplina "Planejamento em Educação", convido a classe a jogar "Escravos de Jó" (Yozo, 1996, p. 79). Ponho-me a anotar comportamentos e falas do grupo, sem fazer qualquer tipo de interferência ou dar-lhes qualquer resposta. Quando a classe decide parar de jogar, por ter desistido ou finalizado o jogo, leio minhas anotações. Há grupos que começam a jogar sem definir o objetivo e as regras do jogo, ou sem saber se todos os participantes sabem de que se trata, outros têm dificuldade em chegar a um consenso quanto ao material que usarão para jogar e é bastante comum definirem que "quem errar

choca".[2] Este jogo é o que se pode chamar de "um prato cheio" para quem pretende discutir o assunto "planejamento": sondagem da população e de sua realidade; definição de objetivos; seleção de procedimentos e recursos materiais; avaliação continuada e redefinição de procedimentos e etapas etc.

Uma vez mais devemos realçar que, mais importante do que a técnica A ou B, o diálogo assume um papel central posterior que a vivência implica e provoca. De nada adianta uma dinâmica mirabolante com recursos didáticos pirotécnicos sem uma reflexão dialogada acerca – e como garantia – da tomada de consciência de seus participantes sobre o tema tratado. Seria como driblar todo o time adversário, dar uma bela bicicleta e... errar o gol.

3. O drama na formação pessoal do professor

O simples fato de uma pessoa vivenciar experiências de formação profissional, como as aqui citadas, tende a gerar transformações igualmente na sua dimensão pessoal. Estas transformações são particularmente sensíveis se, por um lado, a experiência for proposta com competência e, por outro, se for sentida pela pessoa como uma autêntica vivência, no sentido em que é exposta por Almeida:

> Vivência é neologismo espanhol proposto por Ortega y Gasset com a finalidade de verter o vocábulo alemão *Erlebnis*, usado por Husserl para dar sentido à experiência vital interna, subjetiva, originada de percepções internas e/ou externas, vividas pelo sujeito. [...] A experiência da vivência é sempre na dimensão do tempo presente, no "aqui e agora". Esse momento coloca o sujeito frente às possibilidades de sua transformação ou da transformação de suas possibilidades. Instante crítico, de busca e medo, de ameaças e esperanças, de ansiedade e paz (1998, pp. 67-8).

2. Chocar, no Escravos de Jó, é ficar sentado, de castigo, no centro do círculo.

Ora, a transformação, em termos do desenvolvimento pessoal do professor, não precisa nem deve ficar destinada ao acaso. Ela deve estar claramente presente em sua formação e, para isso, as técnicas dramáticas têm indubitável contributo. Porém, como alerta Verhofstadt-Denève (2000), o objetivo principal das técnicas de ação na educação não é fazer verter quaisquer conteúdos internos dos alunos, mas alargar a sua consciência sobre dado tema, num processo durante o qual os alunos são ativamente estimulados a refletir a seu respeito e a conhecer melhor a si mesmos e ao mundo. A privacidade e a auto-estima devem ser estritamente respeitadas no espaço da sala de aula. Assim, o professor deve evitar encorajar os alunos a divulgar informações pessoais das quais, imediata ou subseqüentemente, possam vir a se arrepender. Por isso é que a ênfase, em sala de aula, não deve ser dada à exteriorização de componentes íntimos e privados, mas ao desenvolvimento de papéis, pontos de vista, tendências etc. centradas nos papéis profissionais.

Numa vivência dramática, o professor tem a oportunidade de observar suas reações internas e prever como estas seriam na "vida real" – um tipo de treinamento do controle emocional, indispensável para qualquer profissional. Grande parte da competência do professor em manter a disciplina[3] de sua classe vem da sua habilidade em colocar os limites e suas razões com segurança e respeito, e em responder aos comportamentos do grupo com firmeza e ternura. Como as vivências dramáticas envolvem, necessariamente, um encontro profundo entre as pessoas, acabam por proporcionar o aprimoramento de suas competências interpessoais.

As propostas de dramatizações sem texto predefinido, as experiências em que a pessoa tem de responder de imediato às questões postas, as situações-problema que necessitam de soluções criativas ou jogos semi-estruturados cujo desenrolar depende das decisões de seus participantes exigem do profis-

3. Disciplina não como camisa-de-força, mas como norma pró-social de convivência.

sional o afloramento de sua espontaneidade. Para lidar com o novo, para ser criativo, para dar novas respostas a antigos problemas ou dar respostas adequadas no momento em que eles surgem, é a espontaneidade que entra em questão (Puttini e Lima, 1997). Quanto mais o professor é espontâneo (diferente de espontaneísta ou inadequado), maior é a amplitude de sua ação e atuação educativas, melhor ele "lança mão" de variadas metodologias e técnicas de ensino e mais aberto ao diálogo e à participação ativa de seus alunos ele se torna.

Um dos entraves para a espontaneidade e, portanto, para o desempenho criativo do papel de professor é o medo. Em vez de ser escondido ou evitado, ele é encarado quando cenas temidas pelo professor são dramatizadas. E não são poucas as categorias e os tipos de medos arduamente carregados pelos educadores. Perrenoud (2001, p. 63), por exemplo, apenas na categoria "medo de que a comunicação falhe", apresenta uma lista enorme, da qual destaco apenas alguns itens:

- medo de perder a continuidade da proposta, de que a atenção se disperse;
- medo da desordem na construção do saber;
- medo de perder sua credibilidade, seu espaço, sua autoridade;
- medo de perder o papel de estrela, de precisar dividir o palco;
- medo de se envolver demais, de não conservar a distância necessária;
- medo de se envolver num conflito afetivo;
- medo de perder a exatidão, o rigor;
- medo de revelar sua ignorância.

Cenas que contenham estes e outros tipos de medo devem, tanto quanto possível, ser exploradas durante a formação do professor. Como exemplo, certa vez uma aluna mencionou sentir "medo de falar em público". Pediu-se, então, à classe toda que nomeasse quais seriam os "submedos" do "medo de falar em público". Cada um deles (medo de ser contestado, de não ser ouvido, de esquecer-se da fala, de ser criticado) foi representado por uma pessoa e estas, então, foram alinhadas pela aluna, do menor (ou inexistente) para o maior "submedo" que ela sentia. A aula continuou com a dramatização de variadas situações profissionais hipotéticas nas quais o que ela mais temia (ser criticada) acontecia, e a partir daí ela deveria encontrar saídas possíveis. Dentre uma série de outras conclusões, a aluna afirmou ter percebido que o medo era muito menor do que julgava antes, que alguns "submedos" ela sequer sentia e que o maior deles ela havia tido a chance de "ver que cara tinha".

As experiências, contidas no Capítulo 5 deste livro, são mostras de profissionais em contínua formação que, parafraseando a aluna acima, viram que cara tinha o medo de adotar técnicas não-expositivas de ensino. Viram, também, que cara tinha o medo de se expor, e relataram uma de suas primeiras incursões no manejo destas técnicas, nos mais variados contextos educativos.

> Quanto mais você reconhece que seu medo é conseqüência da tentativa de praticar seu sonho, mais você aprende a pôr seu sonho em prática. [...]
> Essa compreensão do medo não é uma coisa que me diminui, mas que me faz reconhecer que sou um ser humano (Paulo Freire, em Freire e Shor, 2000, p. 71).

4. Fechando as cortinas... abrindo o coração...

Vários assuntos foram tratados ao longo destes escritos. Começamos por abordar a distância entre o discurso do professor e a maneira como ele forma seus alunos (professores atuantes ou estagiários), muitas vezes cortando pela raiz o diálogo que intencionava cultivar.

Falamos dos currículos que: 1) não privilegiam aproximações entre teoria e prática, deixando isolado o estágio e/ou a prática profissional; 2) tentam uma aproximação, mas ainda assim mantêm isoladas "as práticas", de um lado, e "as teóricas", de outro; e 3) trazem, desde sua concepção, a integração entre teoria e prática, ação e reflexão. Nos dois primeiros tipos de currículo, o impacto da utilização de técnicas dramáticas é menor, pois estas se apóiam em conceitos de integração, encontro, inclusão de membros isolados, enfim, conceitos divergentes daqueles presentes na concepção de tais currículos e na dinâmica de suas disciplinas, seu corpo docente e administrativo. Este conjunto de conceitos poderia talvez ser entendido no âmbito do conceito de intersubjetividade.

Partindo do pressuposto de que as técnicas dramáticas são importantes contributos para a formação de professores, procuramos dar algumas pistas sobre como estas técnicas podem ser utilizadas, tanto para o desenvolvimento profissional quanto pessoal do educador.

Fechando as cortinas... deste capítulo, citamos Paulo Freire, que trata magnificamente do medo (e da ousadia!) presente quando tentamos colocar em prática nossos sonhos. Repetindo, para frisar bem o que ele diz: "Essa compreensão do medo não é uma coisa que me diminui, mas que me faz reconhecer que sou um ser humano".

Abrindo o coração... para novas reflexões.

Quanto mais me reconheço como ser humano, melhor compreendo os meus medos. Quanto mais claramente enxergo os meus medos, mais vulnerável a você eu me torno.

Ao tornar-me vulnerável, permito o seu encontro com o meu próprio eu e, se assim você permitir, ou quiser, eu também vou ao encontro do seu próprio eu.

Esta vulnerabilidade, à qual meu querido amigo Dalmiro Bustos chama de "ternura", é o sentimento de estar completamente aberto ao outro. Talvez eu possa até me arriscar a dizer que este seja o mais profundo sentimento humano de "inclusão": você vulnerável a mim, eu vulnerável a você.

Mas o que interessa perceber, no momento presente, é que esta vulnerabilidade não faz que eu sinta medo da sua presença em mim, afinal, coração nenhum sai ileso do encontro com o outro. Na verdade, esta ternura, esta abertura é um dos fatores que me tornam múltipla, complexa e, portanto, cada vez mais forte; em vez de "anticorpos", cria e prolifera "pró-corpos". Neste sentido, ao contrário do que eu pensava, a vulnerabilidade é o oposto da fraqueza.

Na esmagadora maioria das vezes, sinto que esse nosso encontro é fonte de coragem para sonhar e de ousadia para realizar.

Referências bibliográficas

ALMEIDA, Wilson C. *Formas do encontro: psicoterapia aberta*. 2. ed. São Paulo: Ágora, 1998.

ALMEIDA, Wilson C. (org.). *Grupos: a proposta do psicodrama*. São Paulo: Ágora, 1999.

BESSA, Nuno; FONTAINE, Anne Marie. A aprendizagem cooperativa numa pós-modernidade crítica. *Educação, Sociedade & Cultura*, n. 18, pp. 123-47, 2002.

BUSTOS, Dalmiro M. *El test sociometrico: fundamentos, técnicas e aplicaciones*. Buenos Aires: Vancu, 1980.

FAINGOLD, Nadine. De estagiário a especialista: construir competências profissionais. *In* PAQUAY, Leopold; PERRENOUD, Philippe; ALTET, Marguerite; CHARLIER, Évelyne (orgs.). *Formando professores profissionais: quais estratégias? Quais competências?* 2. ed. Porto Alegre: Artmed, 2001.

FREIRE, Paulo; SHOR, Ira. *Medo e ousadia: o cotidiano do professor*. 8. ed. Rio de Janeiro: Paz e Terra, 2000.

LIMA, Luzia M. S. O psicodrama pedagógico no ensino superior. *Revista de Ciências da Educação*. Lorena: Centro Unisal, ano 3, n. 5, pp. 141-52, dez. 2001.

MARINEU, René F. *J. L. Moreno – 1889-1974: pai do psicodrama, da sociometria e da psicoterapia de grupo*. São Paulo: Ágora, 1987.

MEC. *Referenciais para formação de professores*. Secretaria de Educação Fundamental. Brasília, 1999.

MENEGAZZO, Carlos M. *et al. Dicionário de psicodrama e sociodrama*. São Paulo: Ágora, 1995.

MORENO, Jacob Lévy. *Psicodrama*. 6. ed. São Paulo: Cultrix, 1993.

PERRENOUD, Philippe. *Ensinar: agir na urgência, decidir na incerteza*. 2. ed. Porto Alegre: Artmed, 2001.

PUTTINI, Escolástica; LIMA, Luzia M. S. (orgs.). *Ações educativas: vivências com psicodrama na prática pedagógica*. São Paulo: Ágora, 1997.

VERHOFSTADT-DENÈVE, Leni. Action and drama techniques at school. *In* VERHOFSTADT-DENÈVE, Leni. *Theory and practice of action and drama techniques*. Reino Unido: Jessica Kingsley Publishers, 2000.

YOZO, Ronaldo Yudi. *100 jogos para grupos: uma abordagem psicodramática para empresas, escolas e clínicas*. 10. ed. São Paulo: Ágora, 1996.

4

Psicodrama com estudantes universitários em Psicologia Clínica: teoria, ação e avaliação[1]

Leni Verhofstadt-Denève

1. Introdução

A questão concreta que eu gostaria de tratar neste artigo é a seguinte: é possível organizar cursos e oficinas de psicodrama (PD) que sejam significativamente teóricos, levando em conta que o PD trabalha com conteúdos pessoais?

Muitas universidades o integraram no currículo dos estudantes de psicologia. Há, no entanto, uma grande variedade no número de horas: desde uma breve oficina introdutória de algumas horas até finais de semana ou até mesmo séries totalmente estruturadas de sessões de PD.

Apresentamos, a seguir, alguns exemplos de diretores que aplicaram ou ainda aplicam o PD com seus estudantes: Ada Abraham (Universidade de Hebrew, Jerusalém, ver Abraham e Schützenberger, 1982), Anne Ancelin-Schützenberger (Universidade de Nice, França), Didier Anzieu (Universidade de Nanterre, Paris, ver Anzieu, 1970), Pierre Fontaine (Universidade Ca-

1. Publicação original: VERHOFSTADT-DENÈVE, Leni. Psychodrama with university students in clinical psychology: theory, action and evaluation. *In* FONTAINE, Pierre (ed.). *Psychodrama training: an European view*. 2. ed. Leuven, Bélgica: FEPTO Publications – Federation of European Psychodrama Training Organizations, 2001, pp. 75-92. Tradução: Luzia Mara Silva Lima.

tólica de Louvaina, Bélgica), Claude Guldner (Universidade de Guelph, Canadá, ver Guldner, 1990a, 1990b), Peter Kranz e Kathleen Houser (Eckerd College, Flórida, ver Kranz e Houser, 1988a, 1988b; Kranz e Huston, 1984; Kranz e Lund, 1990), René Marineau (Universidade de Quebec, Trois-Rivières, Canadá, ver Marineau, 1990), André Monteiro e Esly Regina de Carvalho (Universidade de Brasília, Brasil, ver Monteiro e Carvalho, 1990).

Neste texto, limitar-me-ei a analisar a forma como o PD é organizado para estudantes do curso de Psicologia Clínica da Faculdade de Psicologia e Ciências Pedagógicas da Universidade de Ghent, Bélgica.

Durante os terceiro e quarto anos do curso de Psicologia Clínica, é feita uma introdução teórica ao PD nas disciplinas de psicologia clínica do desenvolvimento e psicoterapia do desenvolvimento (7h30 e 15h, respectivamente, ver Verhofstadt-Denève, 1988a, 1988b, 1994, 1995, 1997, 1998b). No quinto e no último ano, tem lugar um seminário totalmente prático, psicoterapia do desenvolvimento (45 horas), destinado à prática do PD. Aos estudantes é, então, dada a oportunidade de passar por uma experiência bastante concreta com o PD, podendo, eventualmente, ser preparatória para seguir uma formação completa num programa de PD, após a graduação.

A seguir, abordarei: 1) uma breve descrição de como eu tomei conhecimento do PD; 2) uma síntese do principal quadro teórico; 3) objetivos e organização prática da experiência com PD; 4) descrição de algumas sessões; 5) uma avaliação do PD feita pelos estudantes; e 6) finalmente, algumas conclusões e recomendações.

2. Como eu tomei conhecimento do psicodrama

Estou envolvida com o ensino de aspectos teóricos e clínicos da psicologia do desenvolvimento desde 1970. Embora o meu interesse nesses cursos fosse muito grande, de certa forma eu sentia falta de um maior comprometimento pessoal e de vivências/experiências práticas, tanto por minha parte quanto dos meus alunos. Creio que Guldner tenha descrito o mesmo sentimento ao recordar-se de uma conversa com Moreno:

> Lembro-me de uma tarde com J. L. Moreno, na casa de campo, quando ele estava discutindo a transformação da aprendizagem. Não me lembro de suas exatas palavras, mas a essência era que o resultado dos métodos tradicionais, nos quais o instrutor fala e os alunos passivamente pegam o que foi dito, era essencialmente a morte da criatividade (Guldner, 1990a, p. 52).

Um dos mais decisivos momentos de minha vida foi o meu encontro, em 1979, com Deant e Doreen Elefthery. Eles me levaram a experimentar o PD num ambiente grupal essencialmente seguro e de respeito pelas questões humanas. Minha primeira semana de *workshop* internacional com eles convenceu-me completamente de que eu poderia trabalhar no mesmo âmbito com meus alunos.

Minha ânsia por aplicar as técnicas do PD em *workshops* práticos não me impediu, no entanto, de fazer a mim própria uma série de perguntas: é possível para um "professor" ser simultaneamente "diretor" de PD com seus alunos? Como posso avaliar objetivamente meus alunos nesses cursos? É possível dramatizar problemas pessoais, se lidamos com estudantes que se encontram todos os dias? Foi Didier Anzieu, no seu belo artigo publicado no *Bulletin de Psychologie*, "Le psychodrame analytique collectif et la formation clinique des étudiants en psychologie" (1970), quem proporcionou uma motivação efetiva para que eu aceitasse este desafio. Hoje, depois de 15 anos de trabalho com meus grupos de estudantes, estou convencida de que o PD é a experiência mais significativa que eu lhes tenho oferecido.

3. Quadro teórico

Lanço mão da psicoterapia existencial-dialética do desenvolvimento (PEDD). Este quadro teórico é inspirado, entre outras, nas idéias básicas de Moreno. Em seus escritos, encontram-se várias passagens em que ele enfatiza a grande importância das oposições dialéticas e dos temas existenciais no campo do desenvolvimento psicossocial (ver Moreno, 1946, 1959a, 1959b; Moreno e Moreno, 1969; Moreno e Elefthery, 1982).

Numa publicação anterior (Verhofstadt-Denève, 1988b) delineei os princípios básicos desta PEDD, mais especificamente o Modelo Fenomenológico-Dialético da Personalidade (Modelo Fe-DiP) que está na sua base (ver figura a seguir). Neste modelo, o aspecto fenomenológico refere-se aos conteúdos subjetivos singulares que todo ser humano atribui ao *self*, bem como ao mundo circundante. O aspecto dialético, em contrapartida, refere-se ao processo implícito que dá origem a esses conteúdos e contribui para o seu desenvolvimento. Esta teoria é apresentada pormenorizadamente em Verhofstadt-Denève (1988a, 1994 e 1998b). O presente capítulo reapresenta apenas os seus pontos mais importantes.

No modelo Fe-DiP, a PESSOA é vista como uma relação dinâmica entre *Eu-Mim*, na qual o *Eu* (enquanto sujeito) é capaz de refletir sobre o *Mim* (enquanto objeto). A reflexão do Eu sobre o Mim, tal como é vista neste modelo, é mais abrangente do que o "*self*"-reflexão convencional, uma vez que o Mim contém não apenas o *self*, mas também todo o mundo social e objetivo. É claro que os outros não pertencem à minha PESSOA, mas a minha construção fenomenológica subjetiva sobre os outros e sobre o mundo existe e, em situações terapêuticas, devemos sempre trabalhar com essas duas construções. Este ponto de vista pode ser comparado, em muitos aspectos, com o esquema proposto por William James (1950, 1961) que separa o *SELF* (que pode ser comparado, no presente modelo, com PESSOA) em EU ("o aspecto experiencial do *self* como conhecedor") e em MIM ("o aspecto empírico da experiência pessoal, o conhecimento do *self* como objeto ou do *self* como conhecido"). Isto também nos lembra a tese de Sartre, na qual o ser humano é, simultaneamente, consciência (para si) e objeto (em si) (Sartre, 1949, p. 33). Noções comparáveis a estas são encontradas em George Herbert Mead (1964), Anne-Lise Løvlie (1982a, 1982b), e na abordagem narrativa de Hermans (1992a, 1992b) e Hermans e Kempen (1993).

Modelo fenomenológico - dialético da personalidade

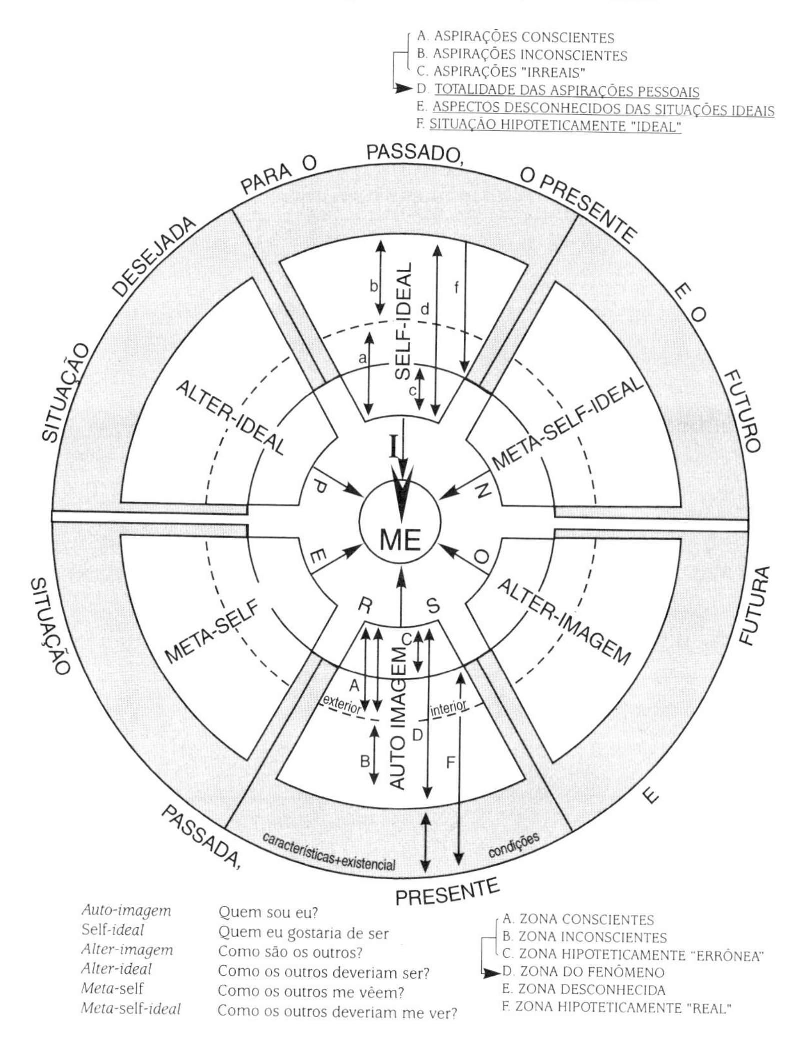

Dentre as múltiplas abordagens sobre a construção da personalidade, distingui seis grandes dimensões, correspondendo, a cada uma, uma questão.

- Quem sou eu, com meu potencial e minhas falhas? Que papéis (às vezes contraditórios) estou desempenhando? As respostas a estas questões referem-se à auto-imagem.
- Esta auto-imagem é continuamente comparada com a percepção que nós temos das outras pessoas. Assim, a questão "Como são os outros?" refere-se à alter-imagem. São muito importantes, aqui, as pessoas significativas: os pais, os irmãos, os parceiros, as crianças... etc.
- Se, nesta alter-imagem, se tentar formar uma idéia sobre como a própria pessoa é vista pelos outros, atinge-se, então, a esfera do meta-*self*.

Estas três dimensões (a auto-imagem, a alter-imagem e o meta-*self*) são contrabalançadas por três imagens-ideais:

- O *self*-ideal, que corresponde à questão: "Quem eu gostaria de ser ou de me tornar?".
- O alter-ideal, correspondendo à questão: "Como os outros deveriam ser?".
- O meta-*self*-ideal, correspondendo à questão: "Como os outros deveriam me ver?".

Como apresentei em outro artigo, estas seis "Eu-questões" constituem a pedra angular, viva e de inspiração terapêutica para o modelo Fe-DiP (Verhofstadt-Denève, 1988b).

Esse modelo dá especial atenção à maneira como as condições existenciais são experimentadas à luz das seis dimensões descritas acima. Pesquisas mostram que é num estágio mais precoce do que se pensa que as crianças e, mais tarde, também os adolescentes ficam muito preocupados com temas existenciais intimamente ligados à condição humana específica de si mesmos e das pessoas significativas (Anthony, 1971). Quando um grupo atinge um alto grau de familiaridade e segurança, os seus membros, inevitavelmente, levantam questões humanas existenciais profundas sobre origem, destino e finitude de si mesmo e das pessoas significativas; sobre liberdade pessoal, escolha, responsabilidade, separação, perda e envelhecimento, tudo isso imbuído de sentimentos de ansiedade, culpa e solidão, mas também da alegria de viver (Mijuskovic, 1977a, 1977b, 1979; Yalom, 1980). É importante que os indivíduos possam reconhecer estas suas facetas, interpretar e aceitar sentimentos de ansiedade e culpa como normais e ontológicos, estando assim aptos para desfrutar cada momento da vida de uma forma completa, vívida e consciente (May, 1969; Mullan, 1992; Yalom, 1980).

Em cada uma das seis dimensões, um indivíduo pode refletir sobre três diferentes planos de tempo. Cada um de nós tem mais ou menos clara a imagem da pessoa que somos hoje, da criança que fomos um dia e de quem provavelmente seremos no futuro.

Além disso, em cada dimensão pode ser feita uma distinção entre aspectos externos (a maneira como nos comportamos externamente) e aspectos internos (o que pensamos e sentimos). Um adolescente poderia dizer a seu pai: "Você destrói toda a minha criatividade". Mas, ao mesmo tempo, pode estar pensando: "Como posso dizer isto a ele; afinal de contas, ele tem boas intenções". Aqui, temos em ação a alter-imagem externa *versus* a alter e auto-imagem interna. As sessões terapêuticas devem oferecer oportunidades para a expressão destes conteúdos que se encontram tão profundamente escondidos.

É importante dizer que a reflexão sobre o Eu-Mim não está restrita ao nível da consciência. Não é preciso ser um ardente freudiano para reconhecer o enorme impacto do inconsciente na auto-imagem e na imagem que temos dos outros.

O próximo ponto importante é que as construções fenomenológicas subjetivas que fazemos de nós mesmos e dos outros podem mostrar "erros e lacunas". É possível existirem interpretações alternativas. Assim, uma adolescente ativa e cheia de vida pode achar-se terrivelmente feia por ter um nariz um pouco arrebitado (auto-imagem), e não percebe que é por esse detalhe que muitas pessoas a consideram bonita. Quando alguém está apaixonado, esta paixão pode ser pela própria construção subjetiva de determinada pessoa (a alter-imagem) e não pelo indivíduo "real". A desilusão a seguir pode bater forte com certeza! Do ponto de vista clínico-terapêutico, é essencial que o terapeuta proceda com base nas construções fenomenológicas subjetivas, por mais bizarras e irreais que possam parecer. Com o apoio de um ambiente terapêutico seguro, o cliente pode, então, descobrir interpretações alternativas mais adequadas sobre si e o mundo.

Tal como foi dito, as seis dimensões da PESSOA referem-se ao conteúdo ou ao resultado da reflexão sobre o Eu-Mim, e a componente dialética do modelo Fe-DiP refere-se ao processo motivacional que lhe está inerente. Aspectos importantes desta perspectiva são a interpretação positiva das oposições e a experiência de conflitos encaradas como símbolos da energia psíquica e possibilidade de mudança. É de realçar, todavia, que a experiência de conflito é uma condição necessária, mas não suficiente, para o desenvolvimento da personalidade. Os conflitos podem ter, igualmente, um efeito destrutivo! Esta perspectiva é confirmada pela minha própria investigação de *follow-up* e de prática terapêutica, assim como pelas interpretações teóricas sobre uma psicologia dialética do desenvolvimento (ver Verhofstadt-Denève, 1985, 1988a, 1991, 1994, 1998a, 1998b; Verhofstadt-Denève *et al.*, 1993, 1994, 1996; Riegel, 1979; Buss, 1979; Basseches, 1984; Bidell, 1988). Assumimos, assim, que as seis dimensões da personalidade têm de se relacionar umas com as outras por oposições construtivas e dialéticas. Um corolário importante desta assunção é que a reflexão Eu-Mim deveria moderar e parcialmente integrar as construções habituais e demasiado rígidas sobre si próprio e sobre os outros.

O objetivo final do PEDD é o desenvolvimento da personalidade pela descoberta do indivíduo, dos seus limites e, especialmente, de suas potencialidades e seus pontos fortes. Nesta perspectiva, tentar-se-á quebrar as construções "irrealistas" fixas do indivíduo e das pessoas significativas; acabando o protagonista (com a ajuda do terapeuta e de um grupo implicado) por tentar encontrar uma alternativa para características e interpretações alternativas e mais flexíveis. Desta forma, as oposições extremas entre as construções fenomenológicas e subjetivas do cliente e a "realidade" podem se reduzir, bem como as possibilidades de alienação psicossocial. Como um estudante disse no fim de uma sessão: "Nunca tinha pensado nisto desta maneira... Pensei que era fraco porque freqüentemente os meus olhos se enchiam de lágrimas... Mas posso, agora, olhar para este fato como um traço criativo e artístico que me torna mais sensível ao que se passa com os outros... Talvez seja por isso que os meus trabalhos são tão bons como os meus professores reconhecem... Quem sabe, talvez, ainda possa tornar-me um excelente escritor!"

Para se atingir a possibilidade de realizar interpretações alternativas e de auto-realização é necessário ativar a reflexão Eu-Mim em relação a si e às pessoas significativas.

É necessário sentir uma aceitação incondicional da sua própria personalidade, com todas as suas potenciais forças e fraquezas. No modelo Fe-DiP, a avaliação positiva de si próprio é vista como um pré-requisito para o desenvolvimento da personalidade. Serve, igualmente, como um intermediário protegendo contra ansiedades existenciais, tal como é consistentemente provado pelos trabalhos de Greenberg *et al.* (1992). Se não existir uma avaliação positiva de si próprio (ou uma auto-imagem positiva) ou uma admiração pelos outros (ou um meta-*self* positivo), o processo de desenvolvimento encontra-se em risco de estagnar ou mesmo de se deteriorar; a ansiedade ganhará, assim, preponderância e a força dialética tornar-se-á uma força negativa.

Existem métodos e enquadramentos teóricos variados com os quais a reflexão Eu-Mim pode ser ativada. Pessoalmente, prefiro usar as técnicas de ação e de drama na base do enquadramento de desenvolvimento terapêutico. A minha preferência vai também para o trabalho com grupos. Uma das funções mais importantes do diretor é precisamente tirar vantagem das forças construtivas do grupo. Os membros do grupo e, em especial, o protagonista precisam ser convencidos de que estão seguros: "Neste grupo, nada de mal pode me acontecer". Para atingir esse objetivo, o diretor deve tentar criar uma atmosfera que proporcione o maior sentido de segurança possível e um respeito incondicional pela privacidade de todos os membros do grupo. Se se conseguir criar estas condições, os membros do grupo sentir-se-ão encorajados para desenvolver uma reflexão profunda sobre Eu-Mim. Nada deve ser imposto de fora e, tal como um estudante disse: "Não importa o que se faça ou o que se diga, desde que não nos magoemos uns aos outros". Uma atmosfera segura é a matriz decisiva para a espontaneidade e a criatividade.

4. Objetivos das atividades psicodramáticas com estudantes e sua organização prática

O objetivo não é, obviamente, que os estudantes se comportem como psicodramatistas após umas curtas seis ou sete sessões. O que pretendemos é proporcionar-lhes a oportunidade de experienciar mais intensamente os vários aspectos do PD, de forma que eles tenham a possibilidade de responder às seguintes questões fundamentais:

- O que é PD? Quais são seus métodos e suas técnicas principais?
- Será que eu concordo com este método e pretendo aprofundá-lo num curso de especialização depois da graduação?
- Qual é a sensação de funcionar como um membro de um grupo e, quem sabe, como protagonista?
- Qual é a ligação com o enquadramento teórico-terapêutico desenvolvimental que estudei no ano passado?

Como selecionar os estudantes participantes? De fato, os estudantes selecionam-se por escolhas livres de quatro disciplinas opcionais, nos quarto e quinto anos: terapia comportamental, terapia centrada no cliente, terapia psicanalítica e psicoterapia desenvolvimental. Os estudantes sabem perfeitamente bem que esta última disciplina fundamenta-se no PD, e os que optam por ela encontram-se, assim, fortemente motivados para participar de sessões de PD.

Os grupos são formados por cerca de dez estudantes, em média. No início, trabalhei com grupos menores, mas, ultimamente, tenho trabalhado com grupos maiores, algumas vezes com até 20 estudantes. Organizamos sete sessões das 16h às 22h, às sextas-feiras, em princípio, durante sete semanas consecutivas.

5. Alguns realces das sessões

Os casos que vamos relatar encontram-se escritos nos relatórios dos próprios estudantes. As seguintes passagens referem-se a reflexões sobre a primeira e a terceira sessões.

A primeira sessão

A primeira sessão é fundamental para estabelecer a atmosfera das sessões seguintes. Um estudante descreve assim esta fase:

> 8 de novembro de 1996. É hoje o dia. O início dos seminários práticos pelos quais eu tenho esperado há alguns anos. A minha curiosidade e o meu interesse nos "mistérios do psicodrama" foram aumentados desde o segundo ano pelo entusiasmo da professora Verhofstadt. Verdadeiramente eu não o entendia, mas parecia suficientemente excitante e eu quis experimentá-lo. A atmosfera é um pouco tensa. Existe um ambiente de expectativa e de alguma ansiedade. "Não me atrevo a dizer nada de pessoal, algumas destas pessoas são, para mim, realmente estranhas..." No entanto, quando a professora Verhofstadt, com uma atitude calma e autoconfiante, introduziu a primeira sessão, eu senti que a tensão e a ansiedade se desvaneceram gradualmente.
>
> O diretor (nossa professora) recorda-nos os objetivos do curso e de um conjunto de princípios:

- o tempo;
- o objetivo central das sessões não é terapêutico, mas *didático*, mas isto não significa que não se possa verificar um ganho extra no domínio pessoal;
- os fatores *liberdade* e *participação voluntária* são muito valorizados;
- não existe avaliação do que se passa durante as sessões, *ninguém deve sentir-se como tendo de atingir o que quer que seja*. A classificação final deste curso baseia-se num trabalho de *feedback* que contém uma reflexão sobre os processos e uma interpretação teórica baseada nos seminários e no modelo Fe-DiP;
- um aspecto extremamente importante é o *respeito incondicional*: estamos aqui para aprender e para nos ajudarmos uns aos outros; isto exclui completamente a crítica aos outros.

A seguir tivemos o nosso primeiro exercício de *aquecimento*. Lentamente o diretor conduziu os pensamentos e a imaginação de todo o grupo. Então, seguiu-se a técnica da "cadeira vazia"... Sentimos compreensão e respeito pelo crescimento dos outros. E, então, é tempo para uma xícara de café ou chá.
Apesar de a primeira sessão ter sido, por vezes, muito emocional, foi ao mesmo tempo muito divertida. Uma combinação feliz de honestidade existencial coletiva, camaradagem e companheirismo relaxado leva-me a estar ansioso para freqüentar as sessões das próximas semanas.

A terceira sessão

A seguinte parte refere-se à terceira sessão, tal como foi descrita por Jane (a protagonista).

Primeiro, o aquecimento. O diretor pede ao grupo para pensar em temas que cada um gostaria de trabalhar e pergunta se alguém gostaria de ser o protagonista. Christel conta que não viu sua avó quando ela morreu, e quão pesarosa se sentiu sobre isso: talvez ela pudesse falar com a avó numa sessão de PD?... Eu (Jane), sempre tenho estes fortes sentimentos contrastantes, sou emocional e então me torno crítica, e isso, às vezes, é uma mistura um tanto caótica. Acredito que seria gratificante trabalhar essas partes de mim... As cenas são verdadeiras, tocantes e engraçadas também. Que ótimo! A riqueza de experiências deste grupo é surpreendente!... E então chega a hora do lanche. Fomos solicitados a não discutir os temas escolhidos até que terminasse o intervalo.

Após o intervalo, o diretor pergunta quem queria ser protagonista... Senti que eu queria dar um passo à frente, mas hesitei. Esperei um pouco... e, de repente, ouvi-me dizer: "Sim, eu gostaria de ser!". Meu "*self* crítico" impulsionou-me a aceitar o desafio. E então embarcamos no PD. A presença física do diretor me acalmava.

Depois vem a etapa da ação. O diretor fica de pé e me convida para segui-lo pelo círculo formado pelo grupo. No começo não foi fácil, eu podia ver todos olhando para mim. Mas o apoio do diretor me fez sentir segura. Ele me pediu para escolher uma cadeira que *me representasse como uma totalidade*. Iniciando com esta totalidade, distingui três componentes de mim.

USANDO CADEIRAS COMO SÍMBOLOS PARA ELEMENTOS DO EU

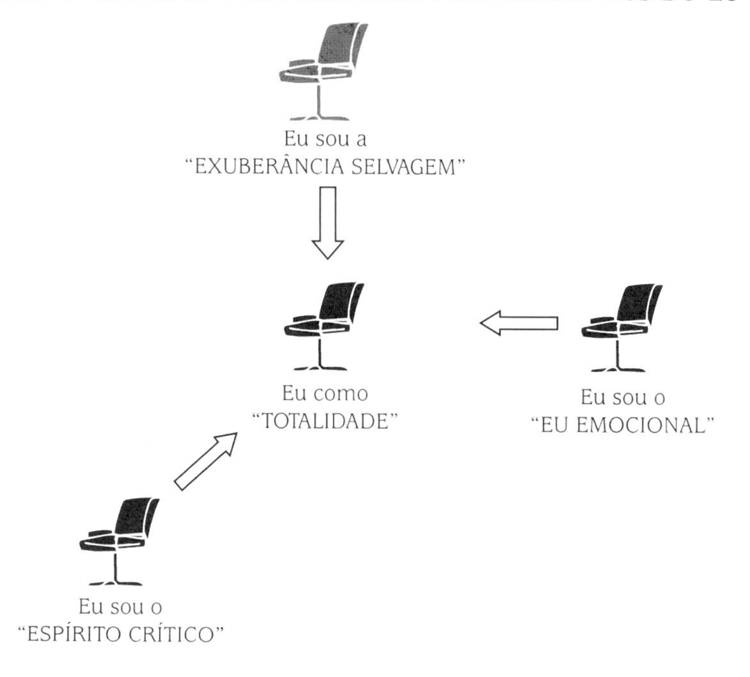

Primeiro, escolhi uma cadeira vermelha para a parte entusiasmada, ingênua e, de certa forma, a parte tola de mim. Com a ajuda dos membros do grupo que fizeram meu duplo, nominei esta parte como minha *exuberância selvagem*. (Duplo é uma técnica típica do psicodrama, em que os membros do grupo podem ajudar o protagonista formulando algumas afirmativas em forma de Eu, como se o próprio protagonista estivesse falando. O protagonista pode sempre concordar ou negar estas afirmativas.) Agora, o diretor pede que eu fique atrás da cadeira e diga, na primeira pessoa, quem eu sou. Enquanto faço isso, a cadeira torna-se um símbolo vivo de uma parte de mim. O estranho é que me senti realmente relaxada atrás daquela cadeira. Então, escolhi uma cadeira para meu segundo componente, o *espírito crítico e avaliativo*, olhando para as coisas a distância, considerando e organizando coisas. Meu terceiro componente retratei como sendo o meu *eu emocional*. Posicionei-me (minha totalidade) e os meus três componentes em lugares especificamente significativos da sala. O diretor fez perguntas a cada um deles: Quem é você? Como você gostaria de ser? Como as pessoas significativas a percebem? Como os outros deveriam percebê-la? Como a Jane a percebe? Como os seus outros componentes a percebem? O que você acha deles? O fato de eu dar respostas na primeira pessoa, em cada uma das respectivas posições, teve um efeito esclarecedor, estruturando o todo e ao mesmo tempo colocando-o em perspectiva. Compreendi perfeitamente que o diretor estruturou a ação de um ponto de vista técnico, mas que sou eu quem é solicitada a tomar decisões relativas aos conteúdos. Isto deu-me segurança. Não me senti envergonhada diante do grupo, tudo se passou como se ele estivesse em segundo plano no cenário, embora eu sentisse sua presença encorajadora. Houve muitos duplos vindos do grupo. Muitas vezes eu não sabia quem estava atrás de mim fazendo o duplo, mas isso me trazia uma boa sensação, não importava se os duplos estavam exatamente certos ou não, porque eu podia sempre corrigir as coisas. A técnica do duplo gera um envolvimento pessoal e a sensação de ser compreendido pelo grupo. Agora que o fim da sessão estava próximo, posso dizer algo aos meus três componentes e à minha totalidade. Senti-me um pouco emocionada e gaguejei algo como: "Estou feliz por ter todos vocês!". Inverti os símbolos em cadeiras novamente e retornei ao grupo e à sala, silenciosamente pensando sobre o que havia acontecido naquela tarde.

Finalmente, a etapa do *compartilhamento*. Encontrei um grande apoio nesta etapa. É um alívio ouvir que muitos participantes reconheceram certas coisas em comum neles também. Senti que eles me entenderam; não estou mais sozinha. Na verdade, eu ainda estou como que num sonho, como se eu tivesse caminhado por uma dimensão desconhecida, mas com um sentimento global de afeto. Claramente, a coesão grupal cresceu graças ao meu PD e eu achei esta experiência única!

A parte seguinte refere-se à interpretação teórica do estágio da ação, tal como foi descrito pelos membros do grupo com base no modelo Fe-DiP.

É óbvio que a base da ação é a própria construção fenomenológica subjetiva do protagonista, na qual sua auto-imagem é separada em três partes. Inicialmente esses três componentes foram descritos muito vagamente, mas, assim que a dinâmica Eu-Mim foi ativada por técnicas do PD, eles adquiriram uma forma mais definida e tornaram-se mais claramente delineados e distintos entre si.

Esta explicação também oferece contrastes intrapsíquicos mais específicos. Por exemplo: o componente emocional e o espírito crítico podem entrar numa "guerra pelo poder", na qual o componente emocional vai repreender o espírito crítico por ser tão severo e duro, enquanto o espírito crítico pode achar seu oponente muito fraco e demasiado tolerante à destrutiva "exuberância selvagem".

Neste sentido, o protagonista experiencia oposições entre os componentes internos e externos da sua auto-imagem. Aparentemente, esta oposição surge primariamente em seu componente emocional: "Às vezes fico muito magoada pelos comentários das pessoas significativas" – do seu pai, por exemplo (auto-imagem/meta-*self* internos). No entanto, sob a influência de seu espírito crítico, ela tenta esconder isso do mundo exterior e age diferentemente (auto-imagem externa). O protagonista sente que esta oposição pode dar origem a uma discrepância notória entre o meta-*self* e o meta-*self*-ideal, dando a impressão de que os outros nem sempre percebem o seu lado emocional e sensível (meta-*self*) e de que não levam isso em conta, apesar de ele achar que o deveriam fazer (meta-*self*-ideal). Os diferentes componentes de seu *self* entram num diálogo; assim, gradualmente o protagonista se apercebe do papel dos seus parceiros para a sua personalidade global e, desta forma, começa a apreciar-se mutuamente. Ficará claro que a integração parcial e dialética das oposições ajudará a atingir uma poderosa auto-aceitação positiva do protagonista.

6. Avaliação

O trabalho psicodramático com meus estudantes tem significado muito para mim em termos pessoais. Entretanto, a avaliação que eles fazem de seu próprio trabalho psicodramático é, logicamente, mais importante. Por esta razão, no final da totalidade das sessões é dado a eles um questionário, para que o devolvam anonimamente (numa caixa de mensagens) dentro dos trinta dias seguintes.

As perguntas feitas são:

1. Na sua opinião, quais são os objetivos destes exercícios?
2. Você acredita que estes objetivos foram atingidos?
3. Você acredita que estas sessões verteram algum efeito em você? Se sim, em que sentido?
4. Você acha que estas sessões influenciaram as relações entre os membros do grupo, mesmo fora das sessões propriamente ditas? Se sim, quais foram seus efeitos?
5. Como você avalia o fato de que o diretor é, ao mesmo tempo, seu professor?
6. O número de sessões foi adequado ou não? (Se necessário, indique as razões.)
7. Alguma outra sugestão ou comentário?
8. Estamos interessados nas suas impressões gerais.

Com pouquíssimas exceções, todos os estudantes retornaram os questionários. A seguir discutiremos as respostas obtidas nos últimos dez anos. O número total de estudantes é 111.

A análise das questões 1 e 2 nos mostra que os estudantes tiveram uma correta e clara noção dos objetivos descritos e acreditaram, também, ter sido atingidos. Um impressionante resultado foi que um grande número de estudantes não apenas apresentou os aspectos didáticos mas salientou explicitamente a importância da "aprendizagem-terapia" e do crescimento pessoal, que deveriam ser elementos essenciais em seus treinamentos como psicólogos clínicos. A seguinte citação de suas respostas ilustrará esta questão:

> PD fez-me refletir sobre a relação *Eu-Mim*: atingi uma melhor compreensão sobre mim e minha relação com as pessoas significativas. Acredito que este *insight* sobre a natureza humana será positivo para meu trabalho terapêutico com futuros clientes (E76).

> Na sua visão (do diretor), o objetivo primeiro das sessões era didático, mas, com o progresso das sessões eu senti crescer uma meta pessoal: uma meta que enriqueceu minha personalidade e minha vida e que foi também terapêutica (E29).

À questão 3, sobre os efeitos que se verificaram neles e o que aprenderam com isso, foram dadas respostas muito positivas pelos 107 estudantes:

> Eu sempre me senti fraco, mas, graças aos outros, percebi que sou mais forte do que eu pensava. Além disso, fiquei profundamente impressionado com o aumento da proximidade entre os membros do grupo, um maravilhoso sentimento de aceitação e compreensão (E81).

> Em cinco anos de currículo da faculdade nos foram ensinadas dezenas de terapias, mas suas aplicações práticas nem sempre ficavam evidentes. Estou convencido do potencial terapêutico do PD, em combinação com o quadro teórico do PEDD. Fiquei im-

> pressionado com as reações emocionais que o PD pode ativar. Tenho que admitir que minha posição inicial sobre o PD era um pouco cética, mas logo que começaram as primeiras sessões minhas dúvidas desapareceram. Eu acredito firmemente que a atmosfera do grupo é a condição essencial para o sucesso do trabalho com PD (E10).

> As sessões de PD significaram muito para mim. Eu estava passando por um período muito difícil, amargurado por causa de uma relação terminada e com uma dor profunda que não me permitia ir adiante. Lentamente fui compreendendo e o PD tornou-se minha bóia salva-vidas, o começo de uma silenciosa e cuidadosa observação de e sobre mim mesmo (E73).

Uma vez que eu tinha sérias dúvidas quanto à viabilidade do PD com estudantes que se encontravam praticamente todos os dias, incluí uma questão específica no questionário sobre o possível efeito das sessões no contato social entre os membros do grupo. A seguir, uma síntese das respostas à questão 4 "Você acha que estas sessões influenciaram as relações entre os membros do grupo, mesmo fora das sessões propriamente ditas? Se sim, quais foram seus efeitos?": 80 estudantes responderam "sim"; 28 disseram "de alguma forma" e três disseram "não".

Não houve qualquer anotação crítica entre as 80 respostas "sim". Estes estudantes sentiram claramente que seu contato com os outros se enriqueceu, que eles tornaram-se mais honestos, mais respeitosos e compreensivos.

> Costumamos conhecer os outros superficialmente, mas agora há um salto de alegria quando os encontramos: "Esta é uma pessoa do nosso grupo". Compartilhamos experiências de sentimentos profundos, trilhamos juntos um caminho enriquecedor. Mesmo que não nos encontremos por vários anos a partir de agora, ainda assim haverá um sentimento de afeto. Todos nós fizemos amigos verdadeiros, pessoas nas quais podemos confiar, com as quais podemos ter sérias conversas e até entrar em confidências (E73).

> Com alguns membros eu tenho agora um contato mais verdadeiro do que nos últimos quatro anos (E79).

Vinte e oito estudantes tiveram uma lúcida visão dos efeitos nas relações com os outros membros do grupo, levando em consideração o elemento temporal.

> Assim que as sessões foram tomando seu curso, continuava a existir o caloroso sentimento de pertença ao grupo, nós éramos parte do "grupo do PD". Depois, quando acontecia encontrarmos um membro do grupo, o sentimento é o de ter compartilhado algo que nunca mais tornará a acontecer com a mesma intensidade. Ambos sentem que o outro significou algo para si e que está acabado agora, como quando encontramos um companheiro íntimo do passado... (E23).

A questão 5 investiga se os estudantes se sentiram inibidos com o fato de o diretor ser também seu professor.

Dos 111 estudantes, 107 disseram que esta situação especial não apresentou nenhum problema. Na verdade, 56 deles viram este fato como uma vantagem. Um comentário freqüente é que as relações tinham sido positivas, pelo menos até certo ponto, mesmo antes das sessões de PD, porque um professor deve ser capaz de organizar atividades grupais com conteúdos pessoais evidentes. Os estudantes também afirmaram que os simples lanches comunitários e as pequenas brincadeiras entre as sessões também contribuíram para um ambiente relaxado e de confiança.

> É uma surpresa ver que um professor universitário pode ser tão humano... É algo impossível de se encontrar numa grande sala de aula com 600 estudantes (E47).

> Um aspecto que foi visto de perto foi a ausência de qualquer coisa ameaçadora durante as sessões. Pude sentir uma grande sensação de empatia e compreensão do diretor. Senti a proximidade entre a professora e os alunos como um bônus adicional (E67).

As respostas a propósito da adequação do número de sessões (questão 6) foram muito similares em 85 dos 111 estudantes: disseram que os objetivos foram atingidos, mas a maioria dos estudantes desejava que tivéssemos tido mais sessões:

> Achei que o número de sessões foi suficiente. Esta introdução não tinha o propósito de nos habilitar para atuar como psicodramatistas, mas de nos dar uma visão prévia que nos ajudasse a organizar nossa cabeça em relação a um treinamento especializado em pós-graduação. A isso sou definitivamente candidato! (E75).

> Ainda que eu lamente pelas sessões terem terminado, sou da opinião de que o número foi adequado. Afinal de contas, o nosso foi um grupo didático, não terapêutico. Sete sessões de seis horas cada uma foram suficientes para dar uma idéia clara do sentido do PD e para ilustrar suas principais técnicas. Se tivéssemos mais sessões, a tensão poderia mudar para um enfoque terapêutico e ir, provavelmente, fundo demais, o que não era o objetivo (E81).

> Emocionalmente falando, o número de sessões foi inadequado: achei difícil desfazer-me das sessões semanais e da proximidade do grupo. Entretanto, intelectualmente, o número de sessões foi certamente suficiente, por ser adequado a uma experiência introdutória e inicial (E67).

Dos 111 estudantes, 26 discordaram:

> Fiquei com o sentimento que com mais algumas sessões poderia ter sido melhor. Cada sessão trazia alguma novidade e acho que as próximas poderiam ter sido boas também. Além disto, eu gostaria de ter tido a experiência de ser protagonista (E65).

> Suficiente para provarmos o PD, mas longe de ser adequado para satisfazer nossa fome! (E69).

As questões 7 e 8 pediam sugestões, comentários e impressões gerais sobre estes exercícios práticos dentro da totalidade do currículo. O tempo (sextas-feiras, das 16h às 22h) foi inicialmente sentido como "estranho", mas foi logo apreciado pela maioria (105 dos 111).

Há dezenas de avaliações gerais entusiásticas (questão 8).

> As mais fascinantes e enriquecedoras horas em minha estada na Universidade (E9).

> Estas sessões eram ocasiões que aguardávamos com prazer. Tensão e relaxamento lado a lado. Muito instrutivo, para nós mesmos e para a vida futura ou para nosso treinamento como psicólogos clínicos (E85).

> Que prazer estar lá! E um desejo de experimentar o PD com um grupo dirigido por mim, obviamente após sessões de treinamento (E109).

> Se você não esteve lá, perdeu algo realmente fantástico (E102).

7. Algumas conclusões e recomendações

Claro que é possível fazer um trabalho grupal psicodramático com nossos próprios estudantes; porém, acredito que certos fatores pode ser bastante úteis.

- Antes de entrar efetivamente nas sessões, devem ser dadas *informações* tanto teóricas quanto práticas sobre PD (por exemplo, por meio de um manual), assim os alunos têm pelo menos alguma idéia da escolha que estão a fazer.
- Os estudantes deveriam estar altamente motivados; e, para isso, *uma escolha totalmente livre* é um pré-requisito absoluto.
- Um *ambiente seguro* durante as sessões: ninguém deve jamais ser forçado a fazer alguma coisa, a privacidade do protagonista e dos membros do grupo deve ser salvaguardada, não deve haver confronto pessoal nem pronunciamentos normativos ou avaliativos.

- O *respeito incondicional* por todos os participantes deve ser enfatizado.
- *Atmosfera relaxada entre as sessões*: intervalos rápidos e petiscos provados coletivamente são bastante apreciados.
- Os estudantes jamais devem ser avaliados ou receber pontuações por seus comportamentos durante as sessões: "*membros do grupo não podem cometer erros*", não se espera que eles atinjam o que quer que seja, não deve haver ambiente competitivo. As notas são dadas com base no seu *feedback* pessoal: ligando teoria à prática e apresentando sua própria interpretação.
- O *diretor deve estar acessível* (a atenção dos alunos deve ser chamada explicitamente para isso) no caso de surgir algum problema psíquico sério entre os participantes; isto é improvável, mas é uma forma de segurança para os alunos.
- As *atitudes do diretor* para com os estudantes, assim que as sessões começam, devem ser *amigáveis mas firmes*. Esta é a imagem que os alunos devem ter do professor/diretor.
- O diretor deve ser autoconfiante para domar os métodos e as técnicas do PD e ser capaz de lidar com o grupo. A manifestação freqüente de dúvidas pode criar um sentimento de insegurança no grupo. Isto não significa que o diretor não pode ter dúvidas ou sentir-se inseguro, pois tal comportamento é completamente normal; a questão é que se deve sempre ser capaz de garantir um ambiente de segurança.
- O diretor deve ter confiança no poder construtivo do grupo: *todos os participantes* devem ser encarados como *importantes co-terapeutas*.

Sob as condições delineadas acima, o PD com estudantes é definitivamente possível. Trata-se de um fascinante desafio para todo psicodramatista envolvido em programas de formação clínico-terapêutica.

Referências bibliográficas

ABRAHAM, A.; SCHÜTZENBERGER, A. Le problème du changement selon le mode d'enseignement. *Psychologie Française,* 27 (1), pp. 21-36, 1982.

ANTHONY, S. *The discovery of death in childhood and after.* Harmondsworth: Penguin Books, 1971.

ANZIEU, D. Le psychodrame analytique collectif et la formation clinique des étudiants en psychologie. *Bulletin de Psychologie, 23* (13-16), pp. 908-14, 1970.

BASSECHES, M. *Dialectical thinking and adult development.* Norwood, New Jersey: Ablex Publishing Corporation, 1984.

BIDELL, T. Vygotsky, Piaget and the dialectic of development. *Human Development*, 31, pp. 329-48, 1988.

BUSS, A. R. *A dialectical psychology.* Nova York: Wiley, 1979.

FONTAINE, P. (Ed.). *Psychodrama training.* Leuven: Federation of Psychodrama Trainning, 1999.

GREENBERG, J.; SOLOMONS, A.; PYSZCZYNSKI, T.; ROSENBLATT, A.; BURLING, J.; LYON, D.; SIMON, L.; PINEL, E. Why do people need self-esteem? Converging evidence that self-esteem serves an anxiety-buffering function. *Journal of Personality and Social Psychologie,* 6, pp. 913-22, 1992.

GULDNER, A. Theme issue: psychodrama and sociometry in university education. *Journal of Group Psychotherapy, Psychodrama & Sociometry,* 43 (2), 1990a.

____________. Integration of undergraduate and graduate education and training in group dynamics and psychodrama. *Journal of Group Psychotherapy, Psychodrama & Sociometry,* 43 (2), pp. 63-9, 1990b.

HERMANS, H. The dialogical self beyond individualism and rationalism. *American Psychologist,* 47, pp. 23-33, 1992a.

____________. Telling and retelling one's self-narrative: a contextual approach to life-span development. *Human Development,* 35, pp. 361-75, 1992b.

HERMANS, H.; KEMPEN, H. *The dialogical self. Meaning as movement.* San Diego: Academic press, 1993.

JAMES, W. (1950). *The principles of psychology.* Nova York: Dover, 1980.

____________. *Psychology: the briefer course.* Nova York: Harper & Row, 1961.

KRANZ, P. L., & HOUSER, K. A psychodrama course for undergraduates. *Journal of Group Psychotherapy, Psychodrama & Sociometry,* 43 (2), pp. 91-6, 1988a.

____________. The student as director: dealing with performance anxiety in a undergraduate psychodrama class. *Journal of Group Psychotherapy, Psychodrama & Sociometry,* 43 (2), pp. 91-6, 1988b.

KRANZ, P. L., & HUSTON, K. The use of psychodrama to facilitate supervisee development in master's level counseling students. *Journal of Group Psychotherapy, Psychodrama & Sociometry,* 37 (3), pp. 126-33, 1984.

KRANZ, P. L. Strategies for including a psychodrama course in an undergraduate curriculum. *Journal of Group Psychotherapy, Psychodrama & Sociometry,* 43 (2), pp. 89-90, 1990.

LVLIE, A. L. *The self, yours, mine or ours? A dialectic view.* Oslo: Universitetsforlaget, 1982a.

____________. *The self of the psychotherapist. Movement and stagnation in psychotherapy.* Oslo: Universitetsforlaget, 1982b.

MARINEAU, R. Lieux de formation à la psychologie clinique. *Revue Quebecoise de psychologie,* 8 (2), pp. 121-36, 1990.

MAY, R. *Existential psychology.* Nova York: Random House, 1969.

MEAD, G. H. *On social psychology: selected papers.* Edited and with an introduction by A. Strauss. Chicago/Londres: The University of Chicago Press, 1964.

MIJUSKOVIC, B. L. Loneliness: an interdisciplinary approach. *Psychiatry,* 40, pp. 113-32, 1977a.

____________. Loneliness and the reflexibility of consciousness. *Psycho-Cultural Review,* 1, pp. 202-15, 1977b.

____________. *Loneliness in philosophy, psychology and literature.* Assen: Van Gorcum, 1979.

MONTEIRO, A. M.; CARVALHO, E. R. S. Learning through psychodrama and sociometry. Two university experiences. *Journal of Group Psychotherapy, Psychodrama & Sociometry,* 43 (2), pp. 85-8, 1990.

MORENO, J. L. *Psychodrama.* Vol. 1. Beacon, Nova York: Beacon House, 1946.

____________. *Gruppenpsychotherapie und Psychodrama. Einleitung in die Theorie und Práxis.* Stuttgart: Georg Thieme Verlag, 1959a.

____________. *Psychodrama.* Foundations of psychotherapy. Vol. 2. Beacon, Nova York: Beacon House, 1959b.

MORENO, J. L.; ELEFTHERY, D. G. An introduction to group psychodrama. *In* GAZDA, G. M. (ed.). *Basic approaches to group psychothe-*

rapy and group counseling. Springfield IL.: Charles C. Thomas, 1982.

MORENO, J. L.; MORENO, Z. T. *Psychodrama. Action therapy & principles of practice*. Vol. 3. Beacon, Nova York: Beacon House, 1969.

MONTEIRO, A. M; CARVALHO, E. R. S. Learning through psychodrama and sociometry: two university experiences. *Journal of Group Psychotherapy, Psychodrama & Sociometry*, 43 (2), pp. 85-8, 1990.

MULLAN, H. "Existential" therapists and their group therapy practices. *International Journal of Group Psychotherapy*, 42, pp. 453-68. 1992.

RIEGEL, K. F. *Foundations of dialectical psychology*. Nova York: Academic Press, 1979.

SARTRE, J. -P. *L'être et le néant. Essai d'ontologie phénoménologique*. Paris: Gallimard, 1949.

VERHOFSTADT-DENÈVE, L. Crises in adolescence and psycho-social development in young adulthood. A seven-year follow-up study from a dialectical viewpoint. In: BRAINURD, C. J.; Reyna, V. F. (eds.). *Developmental psychology*. Amsterdam, Nova York, Oxford: North Holland, pp. 509-22 (outras versões em holandês, francês, alemão e polonês), 1985.

____________. *Persoon, ontwikkeling en Psychodrama. Een existentieel-dialectische visie*. Leuven, Amersfoort: Acco. (Personality, development and psychodrama. An existential-dialectical view), 1988a.

____________. The phenomenal-dialectic personality model. A frame of reference for the psychodramatist. *Journal of Group Psychotherapy, Psychodrama & Sociometry*, 41 (1), pp. 3-20, 1988b.

____________. *Zelfreflectie en persoonsontwikkeling. Een handboek voor ontwikkelingsgerichte psychotherapie*. Leuven, Amersfoort: Acco. (*Self-reflection and personality development. A guide to developmental therapy*), 1994.

____________. How to work with dreams in psychodrama: developmental therapy from an existential-dialectical viewpoint. *International Journal of Group Psychotherapy*, 45 (3), pp. 405-35, 1995.

____________. Using conflict in a developmental therapeutic model. *International Journal of Adolescent Medicine and Health*, 9 (2), pp. 151-64, 1997.

____________. *Adolescentiepsychologie*. Leuven, Apeldoorn: Garant (Psychology of adolescence), 1998a.

____________. *Developmental therapy from an existential-dialectical viewpoint. A theoretical and practical guide to action and drama techniques.* Londres: Jessica Kingsley Publishers, 1998b.

VERHOFSTADT-DENÈVE, L.; SCHITTEKATTE, M.; BRAET, C. From adolescence to young adulthood. A follow-up survey over eight years on psycho-social development. *International Journal of Adolescent Medicine and Health*, 6, pp. 37-58, 1993.

____________. Conflict experience and opposition in the transition from adolescence into young adulthood. *Swiss Journal of Psychology*, 1994.

VERHOFSTADT-DENÈVE, L.; SCHITTEKATTE, M. Adolescents have become adults: A 15-year follow-up study. *In* VERHOFSTADT-DENÈVE, L. Kienhorst, I.; Braet, C. (eds.). *Conflict and development in adolescence*. Leiden: DSWO Press, Leiden University, pp. 47-60, 1996.

YALOM, I. D. *The theory and practice of group psychotherapy*. Nova York: Basic Books, 1975.

____________. *Existential psychotherapy*. Nova York: Basic Books, Harper Collins, 1980.

5

Técnicas psicodramáticas e ativas em contextos educativos

Luzia Mara Silva Lima
Lígia Pizzolante Liske

Apresentação

A confecção coletiva deste capítulo é resultado do trabalho desenvolvido pelos alunos das disciplinas Metodologias de Ação para Trabalho com Grupos e Psicodrama Pedagógico, do mestrado em Educação Sociocomunitária do Unisal – Centro Universitário Salusiano – Americana, SP, no ano letivo de 2002. Cada disciplina contou com uma carga de sessenta horas, divididas em quinze aulas de quatro horas cada uma.

Após um ano de aulas, com uma mescla de leituras, reflexões e vivências de psicodrama, jogos e dinâmicas de grupo, os alunos apresentaram um recorte de sua prática educativa, relatando um momento em que, efetivamente, utilizaram uma técnica dramática para trabalhar com um grupo e um objetivo específicos.

É preciso esclarecer que o objetivo destes relatos é mostrar como um educador pode começar a lançar mão de metodologias e técnicas não-expositivas de ensino em seu cotidiano. Por isso, não devem ser tomados como receitas, porque são experiências iniciais de uma prática educativa ainda em construção.

Para a confecção deste capítulo, as experiências foram subdivididas da educação infantil ao ensino superior, finalizando com uma situação de reunião de professores. Convencionou-se que a apresentação de cada relato iniciasse com o item "desvelando o cenário", que apresenta o contexto em que a experiência aconteceu, seguindo-se das etapas do psicodrama clássico (aquecimento, dramatização e comentários/síntese), mesmo para aqueles que relatam experiências de dinâmicas de grupo, jogos e vivências diversas.

O histórico e a caracterização do psicodrama, com a definição das técnicas usadas nos relatos, encontram-se no Capítulo 2, "Psicodrama e educação".

5.1 Na educação infantil

5.1.1 Dramatizando Monteiro Lobato

Valéria Milanez Scrich

Desvelando o cenário

A atividade foi realizada com 23 crianças de cinco anos de idade, em média, numa escola municipal de educação infantil de um bairro de classe média e média baixa, na cidade de Americana, São Paulo, e teve três horas de duração.

O material utilizado foram fantasias, cadeirinhas e mesinhas da sala de aula, fita crepe, giz de cera, lápis de cor e papel, servindo como cenário a própria sala de aula.

No início da atividade, estabeleceu-se um contrato entre a professora e os alunos, no qual foram colocadas algumas normas que deveriam ser seguidas por todos. Por exemplo, a platéia não poderia intervir durante a dramatização e os personagens não poderiam sair do espaço cênico, delimitado no chão por um quadrado feito com fita crepe.

A realização da atividade, além de aprimorar a espontaneidade e as relações entre os alunos e entre eles e a professora, teve também como objetivo encerrar o "Projeto Monteiro Lobato", iniciado uma semana antes. Neste projeto, foram englobadas outras atividades, envolvendo as áreas de conhecimento, tais como: matemática, língua portuguesa, ciências sociais e naturais e artes. Esse projeto teve como objetivo geral aproximar os alunos da literatura infantil brasileira e resgatar nossa cultura; conhecer a vida do escritor Monteiro Lobato e valorizar as diferenças culturais entre as pessoas, respeitando-as. No decorrer da semana do projeto, foi feita a leitura de várias histórias do autor em questão, envolvendo, principalmente, a obra *Sítio do pica-pau amarelo*.

Aquecimento

Como a atividade a ser desenvolvida dependia de uma concentração mais prolongada do que se espera para esta faixa etária, aqueci o grupo por meio de um jogo de atenção.

Em círculo, uma criança de cada vez toca uma parte do corpo e diz para a criança ao lado, por exemplo: "Esta é a minha perna. Onde está a sua perna?". A outra criança toca na sua própria perna e responde: "A minha perna está aqui". Esta criança, então, elege outro membro de seu corpo para dirigir a pergunta ao colega seguinte. Assim, sucessivamente, todas as crianças apontam uma parte do corpo. Depois, o jogo é dificultado com novas regras que exigiam mais e mais atenção, por exemplo, mostrar uma parte do corpo e perguntar por outra.

Após todas as crianças terem participado, pedi que continuassem prestando atenção. Esta fase do aquecimento foi feita em silêncio, ao som de uma música suave. Em pé, observaram-me dispor no chão, no centro da roda onde estavam, os livros de histórias que elas já conheciam. Pedi que, andando devagar, olhassem os livros com cuidado e escolhessem o livro de que mais gostassem, posicionando-se em frente a ele.

Como havíamos combinado, seria dramatizada a história que fosse escolhida pela maioria. Como se formaram três grupos com número diferente de crianças, ao grupo menor pedi que refizesse a opção, escolhendo entre um dos outros dois livros restantes. A partir daí, um dos livros foi escolhido por um número significativamente maior de crianças, sendo este, então, eleito o livro que seria lido novamente: *A pílula falante*. (O trabalho foi baseado na obra de Monteiro Lobato, *A pílula falante*, 5. ed., 1994, Coleção Rocambole.)

Novamente sentados, em círculo, foram feitos os comentários do porquê das suas escolhas. Todos falaram e, depois, foi feita a leitura.

Dramatização

Recordadas as regras iniciais, perguntei quem gostaria de representar personagens da história. Gradativamente, o grupo foi se formando e o cenário foi montado por eles. Os atores, devidamente "vestidos" em seus personagens, iniciaram a dramatização, sob a minha direção.

Embora nesta faixa etária não se espere que as crianças dramatizem histórias com grande riqueza de detalhes ou assumam papéis complexos, um dos alunos emergiu como protagonista de forma surpreendente. Improvisou algumas cenas, mudou outras e interagiu com os outros personagens de tal forma que todos ou representaram ou assistiram à dramatização compenetrada e participativamente. Em alguns momentos, interferi na cena usando a técnica do *duplo* como forma de tornar claro o diálogo entre os personagens e para que a cena ficasse mais compreensível a todos.

A história foi dramatizada até o fim.

Comentários

Estando todos novamente sentados em círculo, cada participante da dramatização expressou o que aprendeu, o que percebeu e o que sentiu, ainda como personagem da história. Por exemplo: quem fez o papel de Emília falou como se fosse a Emília conversando com os colegas. Disse como se sentiu durante os acontecimentos, por que se comportou desta ou daquela maneira nos diversos momentos da história.

Depois, deixaram de representar os personagens e todos dialogaram muito. Algumas crianças recordaram brincadeiras ouvidas nas histórias de Monteiro Lobato e se remeteram às coincidências (e às não-coincidências) com as suas vidas. Falaram da natureza que aparece muito nas estórias de Monteiro Lobato, e o interesse deles se encaminhou para as questões de meio ambiente.

Síntese

Como "meio ambiente" foi a área de conhecimento que abarcou a maioria dos assuntos levantados pelos alunos, durante os comentários, propus às crianças que, em grupos, desenhassem o meio ambiente que gostariam de ter e preservar. Usaram giz de cera, lápis de cor e papel. Desenharam muitas árvores, flores e, tendo o verde como cor predominante, estamparam nas suas produções várias cenas da história trabalhada. Cada grupo apresentou aos demais a sua produção. Depois, os grupos elegeram o pedaço do seu desenho de que mais gostaram e recortaram-no, destacando-o da produção inicial. A seguir, colaram este pedaço numa grande folha de papel pardo, de modo que fosse produzido um único painel, representando o mundo em que as crianças gostariam de viver.

5.2 No ensino fundamental

5.2.1 Professor robô × professor gente

Julita Graziani Torres Del Bianco

Desvelando o cenário

Esse trabalho foi realizado num colégio da cidade de Limeira, com 26 alunos da quinta série do ensino fundamental, durante uma aula de língua inglesa.

A decisão por desenvolver a atividade foi tomada após uma conversa com os alunos a respeito de como seria, para eles, a escola ideal, a escola dos seus sonhos. Depois da conversa, pedi-lhes que apresentassem suas idéias em cartazes, por desenhos ou figuras recortadas de revistas, e escrevessem, em inglês, os nomes de todos os elementos que se encontravam em seus cartazes. Nos cartazes, aparecia recorrentemente a figura de um professor robô.

Aproveitando esta imagem surgida dos próprios alunos, propus uma vivência com o objetivo de promover uma experiência em uma escola com o professor robô. Por meio desta experiência, eles poderiam perceber qual seria a diferença entre conviver com um "professor robô" e com um "professor humano".

Aquecimento

O aquecimento foi feito por meio de uma conversa com a classe a respeito da escola ideal, dos elementos expostos nos cartazes e da presença marcante do professor robô. Questionei qual seria a vantagem de eles encontrarem, na escola ideal, um professor robô. Responderam que o professor robô não iria exigir lição feita, não mandaria os alunos ficar quietos e deixaria a classe "bagunçar".

Após este debate inflamado, pedi que fechassem os olhos, descansassem as cabeças nas carteiras e, com um fundo musical, comecei a falar com eles.

> Imagine que este é o primeiro dia de aula, na sua escola ideal; imagine que você está acordando, arrumando seu material e chegando à escola. Veja como é esta escola. É igual a todas as outras, ou diferente? Agora você está na sala de aula e o professor robô vai entrar. Como será este professor? Como será esta aula?

Os alunos foram deixados alguns minutos para se imaginarem na situação, continuando o fundo musical. Então, pedi que abrissem os olhos vagarosamente, dizendo-lhes que faríamos uma dramatização com os alunos e o professor robô. Perguntei quem gostaria de me ajudar a delimitar o espaço cênico. Alguns alunos ajudaram a colar fita crepe no chão da sala de aula e a colocar as carteiras em formato de U. Dentro do espaço cênico, montamos o cenário com quatro carteiras e a mesa do professor para criarmos a sala de aula. Com o cenário arrumado, perguntei quem gostaria de ser o aluno "bonzinho", que sempre fazia a lição e ficava quietinho. Vários alunos, sentindo-se aquecidos, quiseram ser este aluno; procurei escolher o aluno que percebi estar mais estimulado e pedi que os outros aguardassem, pois haveria mais personagens na dramatização. E assim fui observando, perguntando e deixando emergir os alunos que participariam da dramatização: a aluna chorona com dor de barriga, o aluno com dúvidas, o aluno bagunceiro e, finalmente, o professor robô.

Dei-lhes algum tempo para se organizarem. Arrumaram a professora robô, com chapéu de papel crepom e a minha capa de professora.

Conversei com cada personagem para que entendesse o papel que dramatizaria, sempre com cuidado de deixá-los à vontade para que, na hora da dramatização, pudessem atuar espontaneamente. A professora robô foi programada pelos próprios alunos apenas para transmitir o conteúdo, sem a capacidade de falar sobre outros assuntos ou resolver problemas novos que surgissem.

Dramatização

A professora robô entrou na sala de aula, cumprimentou os alunos e pediu para abrirem o livro e resolverem os exercícios.

A aluna com dor de barriga começou a chorar e a professora robô disse que não estava programada para solucionar aquele problema. Repetiu para que abrissem o livro e fizessem a lição. A aluna chorou mais alto e, desesperadamente, ficou se contorcendo na carteira.

O aluno bagunceiro começou a jogar bolinhas de papel na classe e a rir da aluna que chorava, enquanto a professora andava pela sala, mecanicamente, repetindo para que abrissem o livro e fizessem os exercícios.

O aluno com dúvidas perguntou sobre a lição e a professora respondeu, mas, quando perguntou a respeito de um campeonato de futebol que estava acontecendo, a professora disse que não estava programada para responder.

O aluno bonzinho mostrou a lição feita, disse que tinha terminado antes de todos e perguntou o que deveria fazer. A professora respondeu com um parabéns e repetiu para que abrisse o livro e fizesse novamente a mesma lição, afinal, a tarefa estava programada para ser feita durante toda a aula.

Neste momento, interferi na dramatização. Como duplo da professora robô, falei para a aluna chorona: "Abra o livro e responda às questões, aluna fora do padrão, nota zero, nota zero". A aluna parou de chorar, mas continuou a se contorcer de dor. Saí do espaço cênico e voltei ao papel de diretora.

O aluno bagunceiro continuou a jogar bolinhas de papel, o aluno bonzinho começou a andar na sala porque não tinha o que fazer, o aluno com dúvidas a respeito do campeonato de futebol folheava figurinhas de jogadores e a professora robô andava, durinha, pela classe repetindo: "Abram o livro e façam a lição". Foi neste momento que fiz um aceno, marcando o término da dramatização.

Comentários

Todos em círculo, primeiramente os alunos que participaram da dramatização compartilharam o que haviam percebido, ainda representando o papel que desempenharam.

A aluna com dor de barriga achou a professora "chata" porque não lhe prestou ajuda e declarou não entender nada de dor de barriga; sentiu-se muito triste e abandonada. O aluno bonzinho achou estranho não ter o que fazer quando terminou a lição e considerou a professora enferrujada, uma verdadeira lata velha, sem pilha. O aluno bagunceiro disse que, no começo, achou legal poder jogar papel e a professora nem chamar a atenção, mas durante a aula foi enjoando da bagunça, pois ninguém ligava para ele. "Nem a professora se incomodou!" Sentiu-se esquecido e rejeitado. O aluno com dúvidas pensou que quando fosse perguntar teria respostas e isto não aconteceu. A professora robô nem sugeriu onde poderia pesquisar. Considerou-a atrapalhada e confusa. Sentiu-se isolado. A professora robô sentiu-se estranha porque tinha de fazer gestos mecanizados e andar como se estivesse enferrujada, repetindo sempre as mesmas frases. Gostaria que tivesse sido desprogramada.

A seguir, os alunos que dramatizaram fizeram seus próprios comentários, não mais no papel que haviam representado. A platéia também compartilhou. Tanto os alunos que participaram da dramatização como os demais sentiram-se abandonados, estranhos, envergonhados, confusos e tristes. Concluíram que preferiam uma professora "de carne e osso" em vez de uma "de aço e óleo", porque é bom sentir o carinho e o calor humano da professora. Disseram que, se a professora não tem solução para tudo, pelo menos tenta resolver ou procurar junto da classe um caminho. Se perguntam, ela responde, porque é o ser humano quem pensa, sente, tem emoções e as transmite. A professora gente é aquela que se preocupa com os alunos, tem amor e carinho por eles.

Síntese

Após os comentários, os alunos decidiram homenagear todas as suas professoras, com cartões de agradecimento pela sua dedicação, em inglês e em português.

5.2.2. Lidando com dificuldades de relacionamento

Marcos Flavio Aragon Rodrigues

Desvelando o cenário

A atividade aqui relatada foi realizada em uma escola particular de ensino fundamental e médio na cidade de Piracicaba, São Paulo. Tratava-se de uma turma da quarta série do ensino fundamental que, segundo a professora, estava apresentando significativos problemas de relacionamento entre os alunos. Comprometida com o processo de desenvolvimento do grupo-classe (não só cognitivo, mas também social), a professora atuou como ego auxiliar, enquanto eu (coordenador pedagógico da escola) atuei como diretor.

A atividade foi desenvolvida em cinco etapas de uma hora por semana. A intenção era integrar o grupo, dissolvendo as "panelinhas", fechadas e provocativas, que diminuíam a qualidade dos trabalhos desenvolvidos em grupo, e investindo no estímulo a comportamentos pró-sociais. O objetivo principal era melhorar o nível do relacionamento dos alunos daquela turma e, conseqüentemente, o seu aproveitamento/participação nas aulas.

O projeto foi apresentado à classe e os alunos demonstraram uma receptividade positiva à "novidade".

Em seqüência segue o relato dos cinco encontros realizados com a classe.

Primeiro encontro

Foi proposto um *jogo sociométrico* com os alunos, envolvendo perguntas como: Quem morava perto da escola? Quem trazia o lanche de casa? Quem trazia frutas no lanche? Quem gostava de fazer pesquisa? Quem gostava de fazer trabalhos em dupla? Em trios? Em grupos maiores? Quem gostava de escolher os grupos em que trabalhava? Quem queria que a professora o escolhesse? E assim por diante, indo das perguntas mais genéricas às mais especificamente ligadas às dificuldades de relação na classe.

A cada pergunta, os alunos se posicionavam em pé, do lado direito da sala caso a sua resposta fosse "sim", do lado esquerdo caso fosse "não", podendo também ficar entre uma posição e outra, caso não tivessem uma resposta exata a dar à questão.

A seguir, com os alunos sentados em círculo, passei-lhes, seqüencialmente, figuras extraídas do livro *Zoom* (Istvan Banyai. *Zoom.* Rio de Janeiro: Brinquebook, 1995). O aluno à minha direita receberia a primeira figura, observaria e passaria ao colega ao lado. Então eu lhe passaria a segunda figura, a terceira e assim por diante, até que todas as figuras, uma a uma, tivessem sido observadas por todos, em total silêncio. As figuras mostram desde uma imagem bem particular – a crista de galo – e vão sendo afastadas página por página, mostrando que o galo estava num quintal, o quintal era de uma fazenda, a fazenda era de brinquedo, o brinquedo era de uma menina, e assim por diante, até uma visão mais ampla, chegando à figura do planeta Terra. A intenção era discutir sobre as diferentes formas existentes de ver uma mesma realidade, um mesmo fato, uma mesma situação.

Os alunos conversaram sobre a atividade, e nós, diretor e ego, direcionamos os comentários para as condições básicas para uma boa convivência em grupo, o respeito às diferenças e a aceitação do outro tal como ele é.

Segundo encontro

Neste encontro, propusemos uma atividade em que o grupo precisava formar um círculo, dando-se as mãos. Nesse momento, surgiu a primeira dificuldade. Dois alunos, um menino e uma menina, não queriam dar-se as mãos, sequer para formar a roda. Por vários motivos relatados por eles, incluindo um desentendimento anterior, negavam-se a fazê-lo. Pedimos a ambos que propusessem uma solução, a fim de que a roda pudesse ser feita. A solução foi trocarem de lugar.

A atividade consistia em que todos tirassem os sapatos e os trocassem com o colega do lado. Ao som de músicas de ritmos diferentes, cada um deveria andar e mover-se, tentando perceber como estava andando: "apertado", "folgado", "confortável", ou "com dificuldade". Depois deveria imaginar como é que o colega que estava com o seu sapato estaria se sentindo. Ao destrocarem os sapatos, comentaram as impressões da experiência de "colocar-se num lugar que é do outro".

Para reforçar um pouco mais a habilidade interpessoal deles, propusemos uma espécie de gincana, dividindo a classe em duas equipes. Resumidamente, as equipes deveriam coletar dados sobre a variação diária do tempo (horário do nascer do Sol, temperatura da manhã e da noite, ocorrência ou não de chuva naquele dia etc.), colocá-los em planilhas e, ao final de uma semana, comparar estes dados coletados com a previsão oficial do tempo, que havia sido impressa e estava guardada conosco. Como cada componente do grupo tinha uma função a cumprir, os alunos depararam-se com a necessidade de organizar-se e cooperar.

Terceiro encontro

Neste encontro, cada equipe comparou os dados de cada integrante, discutiu as diferenças e chegou a uma única planilha do grupo. Para isso eles chegou a um consenso, sempre sob nossa mediação. Foi desenvolvido um clima tal de cooperação que pudemos até propor que a classe toda elaborasse uma planilha final, resultado do trabalho de todos. Esta planilha foi, então, comparada com a previsão oficial do tempo, impressa na semana anterior. A cada dado apresentado, os alunos festejavam mais ou menos, conforme os dados estivessem mais ou menos próximos do oficial.

Quarto encontro

O aquecimento dos alunos para o quarto encontro foi a própria arrumação da sala. Eles se organizaram entre os que arrumaram as carteiras e os que fizeram a demarcação do espaço cênico com fita crepe no chão.

Contamos uma história, em que uma pessoa havia caído e estava, possivelmente, com a perna quebrada, pois não conseguia se levantar. Ela gemia e pedia ajuda às pessoas que passavam. As pessoas, apressadas, olhavam para ela no chão, mas não paravam para falar com ela, para ajudá-la, até que, passado algum tempo, uma pessoa parou e perguntou o que estava acontecendo.

O protagonista que emergiu foi o mesmo aluno que não quis dar a mão à colega, durante o primeiro encontro. Após o seu aquecimento específico para o papel de pessoa machucada, ele deitou-se no chão do espaço cênico. Pedi aos demais alunos que quisessem participar que se aproximassem. Depois de feito o aquecimento específico deles, iniciamos a dramatização. As duas primeiras pessoas que passaram ignoraram a pessoa ali deitada pedindo ajuda – dentre elas, aquela aluna a quem ele não queria dar a mão. A terceira pessoa parou e perguntou o que acontecia ali. O menino explicou que tinha tropeçado e achava que tinha quebrado a perna. A pessoa, então, prontificou-se a buscar ajuda e chamou um médico pelo telefone. Neste momento, um aluno da platéia nos pediu para fazer o papel do médico. Assim por diante, a dramatização foi sendo enriquecida até que o rapaz ao chão tivesse finalmente sido socorrido.

Quinto encontro

Naquele dia, os alunos nos pediram para preparar um teatro em homenagem às mães. Com a nossa ajuda, principalmente organizando o diálogo entre eles, foi decidida a seguinte dramatização.

O espaço cênico seria dividido em duas partes. Uma delas simbolizaria uma primeira casa, e a outra metade simbolizaria a segunda casa. Na primeira, havia uma mãe com filhos que eram, ao mesmo tempo, agitados e brincalhões, mas também "educados" e colaboradores, ajudando normalmente a sua mãe. Na segunda, uma mãe que tinha dificuldades para lidar com os filhos, numa casa em que havia muita desordem e muitas reclamações dos filhos e da mãe. Iniciado o ensaio, as duas cenas convergiram para uma só, com a mãe da primeira casa conversando e orientando a família da segunda.

Esta, então, foi a peça que montaram para apresentar às mães. Ao final da apresentação, grande parte dos conflitos existentes no relacionamento da classe havia sido extinta, e a professora detectou uma grande melhoria no desempenho dos alunos em sala de aula, tanto em trabalhos coletivos quanto individuais.

Síntese

Durante o compartilhamento do que foi vivenciado nesses encontros, os alunos afirmaram ter percebido uma maior proximidade entre eles. Falaram da importância do respeito, da solidariedade, da amizade e do grande valor do trabalho feito em grupo.

A proposta de se fazer um teatro foi o fator que mobilizou o interesse e o envolvimento da maioria dos participantes. As resistências iniciais, por parte de alguns alunos, foram respeitadas mas, aos poucos, foram diminuindo até que todos participaram. Houve até mesmo a solicitação das crianças para que os encontros continuassem no segundo semestre.

A última dramatização feita pelos alunos foi transformada nos moldes do teatro tradicional, para uma apresentação na festa de encerramento daquele semestre.

5.3 No ensino médio

5.3.1 O jornal vivo no ensino de inglês

Ana Lúcia Rovina Chaves

Desvelando o cenário

Esse trabalho foi desenvolvido com 23 alunos da segunda e terceira séries do ensino médio, durante as aulas de língua inglesa, num colégio particular da cidade de Americana, no interior de São Paulo.

Como professora da disciplina, percebo que é marcante a diferença entre o nível de compreensão dos alunos numa mesma sala de aula: do nível básico até aqueles que têm avançada fluência na língua. Os que têm mais dificuldade em geral arriscam-se menos, procuram não se expor, provavelmente com vergonha de errar e/ou com medo de serem repreendidos pelos colegas ou pelo professor. Por isso, um dos meus objetivos era fazer com que os alunos tivessem maior interesse e prazer ao participarem das aulas, aumentando a chance de a aprendizagem tornar-se mais significativa.

Por meio do "Jornal Vivo" (uma das técnicas do psicodrama), acreditei que pudesse despertar, nos alunos, falas, gestos e expressões mais espontâneas, criar condições para que seus sentimentos e suas emoções fluíssem naturalmente, num clima de respeito e sem interferências externas negativas, como a crítica destrutiva ou a gozação.

A atividade aconteceu numa sala de aula do colégio, durante duas aulas de cinqüenta minutos cada uma. Previamente, foi feito um contrato com os alunos, e todos os que participaram o fizeram voluntariamente. Também ficou estabelecido, no início, que os alunos participantes não sairiam antes do término da atividade.

O material utilizado compôs-se de frases em inglês e de exemplares do jornal diário da cidade.

Aquecimento

Creio que os alunos já estavam motivados a participar, uma vez que, voluntariamente, inscreveram-se para a atividade que seria desenvolvida. Este fato foi um "preaquecimento" existente desde a chegada deles.

A sala de aula estava preparada com as carteiras formando um círculo. Após sentarem-se próximos aos seus colegas de série e de todos terem se acomodado, foi-lhes dito que trabalharíamos uma atividade, em inglês, chamada *scrambled words*. Foram distribuídas frases para que fossem lidas e refletidas: "If you want to have something done right, do it yourself!"; "The sun is always shining somewhere"; "Just because you cannot see it, it doesn't mean it isn't there" etc.

Depois, foi pedido aos alunos que se dividissem em grupos de, mais ou menos, seis pessoas, juntando-se às pessoas que estivessem mais próximas. Cada grupo foi encarregado de decifrar uma das frases. Eles conversaram, murmuraram, trocaram informações entre si, e alguns até pediram ajuda aos outros grupos. Quando todos já tinham descoberto a sua frase, leram aos demais grupos e falaram brevemente sobre o significado de cada uma. Este aquecimento serviu para que refletíssemos sobre a importância do trabalho em equipe, que alcança sucesso exatamente quando todos contribuem, cada qual no seu domínio específico de saber.

Dramatização

No centro do círculo, no espaço cênico, foram colocadas reportagens de um jornal da cidade. Os alunos foram convidados a se levantar, caminhar pelo espaço cênico, por entre as reportagens, observar e, por fim, escolher o título que mais houvesse chamado sua atenção. Começaram, então, a caminhar e a ler os títulos das notícias. Quando todos já tinham feito as suas escolhas, surgiram, naturalmente, os grupos, pois vários alunos se aproximaram atraídos pelo mesmo título. Após terem sido feitas as escolhas e formados os grupos, eles se sentaram nos seus grupos e um aluno, voluntariamente, fez a leitura da reportagem escolhida. Quando todos já tinham terminado de ler, os grupos contaram, resumidamente, as suas notícias aos demais grupos. Novamente as reportagens foram colocadas no espaço cênico e houve, então, uma segunda escolha, não mais pelo título, mas sim pelo conteúdo das reportagens lidas. A reportagem mais votada seria dramatizada pelo grupo de alunos que fez a escolha, ao qual pedi que criasse a cena mostrada na notícia.

Nesse momento, o grupo, sob a minha orientação, iniciou a escolha de papéis pelos atores, que emergiram espontaneamente, e, em seguida, passou à organização do cenário.

Na dramatização, os alunos deveriam contar principalmente com a comunicação não-verbal, as expressões faciais e corporais, a mímica e os gestos, podendo também acrescentar palavras-chave ou frases, em inglês, que fossem do conhecimento deles (um vocabulário mínimo necessário para esta atividade já havia sido desenvolvido pelos alunos anteriormente, durante as aulas).

A cena escolhida era composta por duas famílias distintas, sendo uma formada de pai, mãe, um bebê de oito meses e um filho adolescente de 16 anos. A outra família tinha pai, mãe e um filho único, adolescente. Na primeira família, o pai e a mãe eram fumantes, o que não ocorria na segunda. Os filhos faziam parte da mesma turma de amigos e, para eles, o grande desafio era suportar a pressão feita pelos colegas da turma e ser quem eles realmente eram, sem que, por isso, fossem excluídos do grupo. A dramatização aconteceu com os atores colocando no espaço cênico esse conflito que se vive, diariamente, na sociedade e vivenciando-o, por meio de suas *performances*, mostrando cenas reais de suas vidas.

À medida que a dramatização acontecia, estabeleceu-se entre os personagens a polêmica questão sobre o fumo na adolescência.

A espontaneidade esteve presente durante toda a dramatização. As expressões faciais e corporais, os gestos e trejeitos facilitaram muito o entrosamento do grupo. Quando tentavam usar frases ou palavras-chave, eram auxiliados pelos colegas e notou-se, claramente, que a comunicação não-verbal facilitou a conversa entre os personagens.

Comentários

Nesse momento, os atores falam de seus sentimentos, suas impressões e emoções, a partir do papel que desempenharam. Depois, todos os participantes falaram da sua experiência, do que sentiram e puderam perceber durante a dramatização. Comentaram também que a dificuldade da comunicação em outra língua é bastante facilitada quando o ambiente é apoiador e "permite o erro".

Síntese

Ao final deste trabalho, os alunos e atores deixaram registradas, em inglês, no quadro da sala de aula, palavras que refletiam os sentimentos que foram aflorados durante a dramatização e/ou as aprendizagens que haviam sido construídas. Posteriormente, estas palavras serviram de ponto de ancoragem para novos assuntos/conteúdos abordados nas aulas subseqüentes de inglês.

5.3.2 Reflexões sobre a violência e a marginalidade por meio do texto musical

Sônia Maria Sgarbiero Pantaroto

Desvelando o cenário

Este trabalho foi desenvolvido com 34 alunos da segunda série do ensino médio de uma escola pública, de uma cidade do interior do Estado de São Paulo, cujos pais, em sua maioria, trabalham fora e alegam ter pouco tempo de convivência com os filhos.

Foi utilizada a sala de aula, com as carteiras dispostas em um círculo. O espaço cênico foi demarcado no centro do círculo, com giz.

O material foi composto de um texto escrito, com a letra da música a ser trabalhada, *O meu guri*, de Chico Buarque de Hollanda.

O tempo necessário foi o de duas aulas de cinqüenta minutos cada uma.

O objetivo em relação à gramática era complementar um estudo, já iniciado, de verbos e advérbios, assim como outros assuntos já vistos anteriormente, tais como:

- o uso de determinadas palavras, por sua estreita relação com o contexto (por exemplo: o autor usou o substantivo rebento, em vez de criança ou menino, e o verbo rebentar, em vez do verbo nascer);
- o uso de palavras em sentido conotativo; efeitos especiais como ritmo e musicalidade, conseguidos pelo autor por repetições e pontuação;
- o uso da norma coloquial, e não da norma culta (o autor reproduz a fala de determinado grupo social).

O objetivo em relação à discussão e ao debate era provocar um debate, por meio de uma música, sobre como o uso de drogas, por adolescentes, pode levar à marginalidade e à desestruturação do contexto familiar.

No presente relato, enfocarei apenas este último objetivo, uma vez que o primeiro, referente à gramática, está mais especificamente relacionado com a atuação do professor desta área.

Tenho lido autores que falam sobre o efeito da música no ser humano, e pela minha experiência em sala de aula percebo que um mesmo conteúdo, quando trabalhado em texto musical, atinge o maior número de alunos e consegue uma fixação mais eficaz, inclusive quando se deseja também trabalhar temas transversais, ou outros temas relacionados com nossa vida.

Aquecimento

Os alunos já conheciam o texto, já havíamos conversado sobre o autor anteriormente, e eles se mostraram predispostos a continuar as reflexões sobre o tema. Solicitei, então, a cada um que utilizasse a cópia do texto que já tinham em mãos para iniciarmos o trabalho.

O meu guri
Quando, seu moço, nasceu meu rebento
Não era o momento dele rebentar
Já foi nascendo com cara de fome
E eu não tinha nem nome pra lhe dar
Como fui levando, não sei lhe explicar
Fui assim levando ele a me levar
E na sua meninice ele um dia me disse
Que chegava lá.

Olha aí, olha aí,
Olha aí, ai o meu guri, olha aí
Olha aí, é o meu guri.
E ele chega.

Chega suado e veloz do batente
E traz sempre um presente pra me encabular
Tanta corrente de ouro, seu moço
Que haja pescoço pra enfiar
Me trouxe uma bolsa já com tudo dentro
Chave, caderneta, terço e patuá
Um lenço e uma penca de documentos
Pra finalmente eu me identificar.
Olha aí, olha aí,
Olha aí, ai o meu guri, olha aí
Olha aí, é o meu guri.

E ele chega.
Chega no morro com o carregamento
Pulseira, cimento, relógio, pneu, gravador
Rezo até ele chegar cá no alto
Essa onda de assaltos tá um horror
Eu consolo ele, ele me consola
Boto ele no colo pra ele me ninar
De repente acordo, olho pro lado
E o danado já foi trabalhar.
Olha aí, olha aí,

Olha aí, ai o meu guri, olha aí
Olha aí, é o meu guri.
E ele chega.

Chega estampado, manchete, retrato
Com venda nos olhos, legenda e as iniciais
Eu não entendo essa gente, seu moço
Fazendo alvoroço demais
O guri no mato, acho que tá rindo
Acho que tá lindo de papo pro ar
Desde o começo, eu não disse, seu moço
Ele disse que chegava lá.
Olha aí, olha aí,
Olha aí, ai o meu guri, olha aí
Olha aí, é o meu guri.
[Chico Buarque de Hollanda]

Os alunos ouviram em silêncio uma, duas vezes a música. Após isso, começamos os comentários: eu ia fazendo as perguntas, convidando-os a entender melhor o texto e eles iam concluindo e respondendo:

– Por que a mãe não entende a natureza do "batente" de seu filho?
– Por que não sabe ler, é analfabeta, não consegue ler a manchete do jornal.
– Por que ela pensa que ele está feliz, no mato?
– Por ser uma pessoa ingênua, extremamente simples.
– E como era o relacionamento deles?
– A mãe parecia ter orgulho do filho, que freqüentemente lhe dava presentes que a enchiam de satisfação.
– E de onde vinham os presentes que o menino dava à mãe?
– Com certeza, eram coisas roubadas. Muitas eram vendidas, para que ele conseguisse dinheiro para as drogas.
– E o que lhes sugere essa imagem: "Boto ele no colo pra ele me ninar"?
– Há uma idéia de cumplicidade, parece que eles se davam muito bem.

- E o refrão? Quantas vezes o autor repete a expressão: "E ele chega"...?
- Repete por três vezes. Mas na última estrofe essa expressão não aparece...
- Por que essa expressão não é repetida na última estrofe?
- Talvez porque ele não volte mais... Já deve estar morto, no mato.

Continuando com as perguntas, e instigando-os à análise, levantei algumas questões como: Que tipo de mãe era essa? O que representava o filho em sua vida? Que sonhos ela acalentava, em relação ao filho e a si própria? Qual seria sua história de vida, antes e agora, sem o filho?

Concluíram que era uma mãe muito pobre, que não teve oportunidade de estudar, analfabeta, que tinha o filho como seu companheiro, que sonhava com o futuro dele, quando ela o veria "chegar lá"... Ao que parecia, o filho era o motivo maior de sua existência, e, sem ele, sua vida seria muito mais triste. Perguntei-lhes se esta situação só acontecia com os meninos dos morros e das favelas, ao que todos responderam que não, que é muito comum isso acontecer entre eles, com colegas da mesma escola, e também entre os meninos das classes sociais mais abastadas.

Dramatização

Nesse momento, propus à classe: se vocês tivessem de representar uma situação parecida com essa, como fariam? Vamos fazer isso? Com os alunos já aquecidos, e o espaço cênico já demarcado, solicitei-lhes que escolhessem qual papel queriam representar. Espontaneamente, emergiram papéis de mãe, do "guri", de um vizinho da mãe e do guri que se sentia incomodado, e de um policial.

Solicitei a uma aluna, que participa de um grupo de teatro, que me ajudasse como ego auxiliar, durante a dramatização para que conseguíssemos registrar o que iria acontecer. Como diretora, e para orientar o início da dramatização, comecei a falar com a mãe, perguntando-lhe onde estava seu filho, dizendo que havia vários dias não o via no morro. Retirei-me do espaço cênico, e então a dramatização foi iniciada.

Durante um solilóquio, a mãe, em sua simplicidade, não entendia por que seu filho, depois de lhe trazer alguns presentes, não havia dormido em casa, nas duas últimas noites. Enquanto ela falava consigo mesma, chega o vizinho e vai logo dizendo que é bom que ele suma mesmo do morro, porque causa muita preocupação a todos. A mãe e o vizinho conversam, ela tentando dizer que o filho é boa pessoa, e ele criticando duramente as atitudes do menino. Neste momento, chega correndo o "guri", fala com a mãe, apressadamente, dizendo que precisa correr, que tem alguém querendo apanhá-lo. A mãe, entre atônita e assustada, pergunta-lhe o que está acontecendo, por que ele precisa fugir, para onde ele vai... e outras tantas perguntas que ficam sem resposta, porque o menino continua correndo, fugindo, e some.

Neste momento, chega o policial, pergunta pelo menino, diz que novamente ele havia praticado um assalto, e também sai correndo, tentando alcançá-lo. Todos ficam sem saber o que dizer, e a mãe começa a falar, novamente, em solilóquio, tentando entender e lamentando tudo o que está acontecendo, perguntando-se por que seu filho não pode ficar com ela, por que esse policial o procura, de que ele tem medo.

Nessa hora, como diretora, desfaço a cena e convido a todos para se sentarem, a fim de que possamos compartilhar.

Comentários

Peço aos alunos, inicialmente, que digam o que sentiram, como personagens. As falas são muito fortes, mas, sem sombra de dúvida, a que mais impressiona o grupo é a da menina no papel de mãe. Ela diz estar realmente triste, desolada, e fala do seu sofrimento como mãe que tem um filho numa situação tão desesperadora. A platéia mostra-se sensibilizada, e, depois de os alunos que representaram "livrarem-se" dos seus personagens, continuam a dizer o que sentiram. Agora, como alunos, são unânimes em afirmar que uma criança que é levada a uma situação dessas, de deixar-se levar pela droga e precisar roubar para sustentar o próprio vício, além de ter seus sonhos destruídos e suas expectativas completamente frustradas, será motivo de um profundo sofrimento à sua família.

Síntese

Por último, pedi a todos os alunos que estavam na classe, se desejassem, que escrevessem na lousa, com giz, uma palavra que representasse tudo o que viram, presenciaram e sentiram ali. As palavras mais citadas foram: DOR, TRISTEZA, VIDA, DROGA, LUTAR, VENCER, FAMÍLIA, AMOR.

Essa vivência terminou neste momento, tendo atingido o objetivo de sensibilizar os alunos quanto às conseqüências do uso de drogas, por um debate motivado pela dramatização.

5.4 No ensino superior

5.4.1 Dinâmica para interação grupal

Margareth Maria Pacchioni

Desvelando o cenário

A dinâmica relatada a seguir foi realizada com 34 alunas do terceiro ano de Serviço Social de uma faculdade particular da região de Campinas, onde sou responsável por uma disciplina profissionalizante que conta com aulas semanais de duas horas. O objetivo da aula era facilitar o entrosamento entre as alunas, buscando um ambiente relacional mais positivo e menos conflituoso em sala de aula.

Aquecimento

Propus ao grupo um jogo de apresentação chamado "cumprimento criativo", que tem como objetivo aquecer o grupo e promover a maior integração das pessoas por meio do contato físico (foi possível e adequado o contato físico, neste caso, por se tratar de um grupo formado três anos atrás e, portanto, já com alguma intimidade e confiança).

Com as carteiras afastadas, abriu-se um espaço no centro da sala, onde o grupo se colocou de pé, em círculo, para ouvir as instruções para o trabalho.

Expliquei ao grupo que iria colocar uma música e que, quando a música começasse, todos deveriam movimentar-se pela sala de acordo com o ritmo dela. A cada pausa na música, feita por mim, todos deveriam parar e prestar atenção à minha instrução.

A cada pausa da música, pedia às alunas uma forma diferente de cumprimento corporal. "Cumprimentem-se com a palma das mãos, os cotovelos, os joelhos, as costas, a cabeça, o bumbum, e assim por diante". Após os vários tipos de cumprimentos terem sido feitos, diminuí o volume da música, pedindo a cada pessoa que procurasse um lugar na sala para estar de pé, olhos fechados, esperando que a respiração voltasse ao normal.

A seguir deveriam abrir os olhos, olhar os colegas, formar um círculo, sentar-se. Nesse momento foram feitos os comentários sobre a dinâmica.

- O que você achou mais difícil executar?
- Do que você gostou mais?
- O que você pôde observar em si mesma e nos outros?

Nos relatos, as alunas disseram que gostaram da atividade, mas algumas não atenderam a todos os comandos e poucas delas transitaram por todos os subgrupos da classe. Assim, refletimos sobre as dificuldades observadas, sobre usar o próprio corpo para comunicar-se e, também, sobre as dificuldades de interação existentes dentro do próprio grupo.

Dramatização

Nesta fase, utilizei a dinâmica chamada "auto-avaliação grupal", que teve como objetivos impulsionar a reflexão sobre as dificuldades observadas durante a dinâmica anterior, sobre as fontes de conflito existente no grupo, e apresentar as contribuições que cada integrante poderia oferecer aos demais companheiros.

Todos foram convidados a se sentar, formando um círculo. Nesse momento, foram distribuídos papel e lápis para cada um dos membros e pedi que respondessem, individualmente e por escrito (sem se identificar): "Qual é a minha maior dificuldade neste grupo?".

A seguir, recolhi os papéis, que foram misturados e redistribuídos a cada um dos participantes, tendo o cuidado de que cada um não recebesse o seu próprio papel. Cada participante leu o papel que estava em suas mãos (ou seja, cada um leu as dificuldades do outro). Pedi, então, às pessoas que apresentassem sugestões de como essa dificuldade poderia ser superada.

Comentários

Lancei algumas questões, com o objetivo de provocar comentários sobre a dinâmica que havia sido vivenciada por todos, dentre elas:

- Quais são as maiores dificuldades observadas no grupo como um todo?
- Que sugestões chamaram mais a sua atenção?
- De tudo o que ouviu, o que a surpreendeu, por se tratar de um fato novo?

Os comentários permitiram uma releitura de tudo o que foi exposto e discutido pelo grupo. Houve o levantamento das seguintes dificuldades:

- dificuldade em ouvir o outro;
- falta de comunicação entre as pessoas da classe;
- formação de "panelas", classe dividida;
- competitividade excessiva;
- muito barulho e falta de atenção às aulas;
- falta de união da classe, de integração entre as alunas;

- cansaço das alunas;
- opiniões divergentes.

Outros problemas foram citados, porém, com menor incidência:

- dificuldade de falar em público;
- sentir-se magoada com freqüência;
- favoritismo de professores por algumas alunas;
- dificuldades com a falta de recursos da instituição para atender os alunos (fotocópias e bolsas de estudos, por exemplo);
- pouco interesse e empenho das alunas pela própria qualidade da formação.

Diante das dificuldades expostas, espontaneamente, cada membro do grupo apresentou a sua proposta para resolver as dificuldades detectadas, disponibilizando-se a colocá-las em prática, como, por exemplo:

- proporcionar maior abertura de cada uma, a fim de que ocorresse uma comunicação maior com a outra;
- promover eventos para favorecer o entrosamento do grupo e para que pudessem se conhecer mais e melhor. Por exemplo, quadro com os aniversariantes do mês, festas, ida juntos à lanchonete etc.;
- manter respeito mútuo, em qualquer situação;
- fazer troca de telefones e endereços;
- tornar os questionamentos em sala de aula claros e objetivos, a fim de evitar mal-entendidos;
- levar em conta e valorizar os objetivos em comum do grupo, como, por exemplo, a qualidade da formação profissional;
- aceitar e respeitar o fato de que todos são diferentes uns dos outros;
- fazer rodízio das alunas em classe, de maneira que todas mudem de lugar;

- promover a melhor organização dos alunos no Centro Acadêmico, a fim de que se fortaleçam nas reivindicações por melhores condições de ensino;
- buscar ter mais diálogo com os professores.

Síntese

Encerrando, pedi ao grupo duas imagens corporais simultâneas: a primeira retratando como a classe esteve até hoje, a segunda, mostrando como a classe poderá ficar a partir desse trabalho, dessa reflexão.

5.4.2 Musicalização infantil: estratégias para professores

Míris Cristina Parazzi Folster

Esta experiência descreve uma oficina por mim dirigida, como monitora da disciplina Metodologias Alternativas de Ensino, do terceiro ano de Pedagogia de uma faculdade de Americana, São Paulo. Com duas horas de duração, teve como objetivos:

- apresentar aos alunos uma fundamentação teórica sobre a musicalização infantil e a inteligência musical;
- gerar situações práticas que permitissem aos alunos vivenciar a musicalização, por uma aula delineada para a educação infantil;
- possibilitar reflexões sobre as possibilidades de eles próprios estimularem a musicalização em seus alunos, nos diversos níveis de ensino.

Aquecimento

O aquecimento dos alunos foi feito em duas etapas. Durante a primeira etapa foram utilizadas dinâmicas e, na segunda, foi apresentada a fundamentação teórica, ancorada na dinâmica anterior.

Dinâmica: De pé, em círculo, eu perguntaria aos alunos: “Como vão vocês?”. Todos juntos responderiam: “Vamos muito, muito bem!”. Mantendo fixas estas falas, eu modificaria a forma de perguntar e eles deveriam responder, imitando a mesma forma. Assim, perguntei: “Como vão vocês?”:

- falando alto/falando baixo;
- falando fino/falando grosso;
- com semblante feliz/com semblante triste;
- tossindo;
- batendo palmas;
- batendo os pés no chão;
- batendo palmas e os pés no chão.

A seguir, realizamos o “galhamento” da palavra “música”. Os alunos deveriam fazer “galhos” a partir da palavra central, escrevendo, no quadro, o que a palavra representa para cada um. Eis abaixo o resultado:

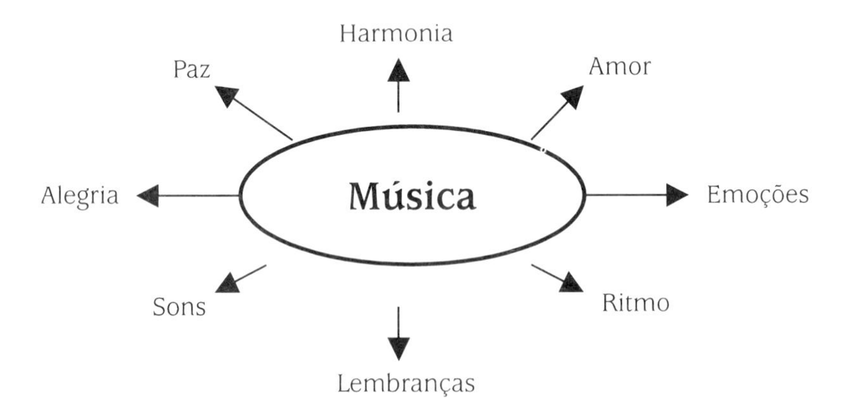

Apresentação da fundamentação teórica: Nesta etapa, apresentei ao grupo o antigo conceito de inteligência (ligado apenas às áreas lógico-matemática e/ou lingüística), o conceito das Inteligências Múltiplas, de Howard Gardner, enfatizei a Inteligência Musical e abordei, também, o desenvolvimento do ensino da música nas escolas brasileiras.

Dramatização

Com os alunos no espaço cênico, propus que criassem um "mundo" harmonioso, tal como imaginam, ou gostariam que fosse. Ao som de uma música instrumental suave, falo dos vários elementos da natureza, do seu significado, da sua importância. À medida que falo, todos são convidados a expressar se corporalmente, fazendo gestos de "chuva", "terra", "semear", "regar as plantas", "árvore", "vento", "borboleta", "cobra", "caracol", "passarinho", "planeta Terra", "estrelas", "Sol" e "Lua".

A seguir, peço-lhes que repitam a seqüência vivenciada, ao som da mesma música, sem qualquer comando, procurando enfatizar, ao mesmo tempo, a espontaneidade e a memória corporal. Após terem sido criados os diferentes elementos da natureza, retiro a música de fundo e o grupo é incentivado a colocar sons nesse "mundo".

Os participantes, em círculo, um de cada vez, deverão:

- expressar seu nome, cantando;
- cantar e bater palmas no ritmo de seu nome;
- criar uma expressão corporal que combine com seu nome.

Agora que o grupo "colocou-se no mundo", deverá executar as atividades abaixo:

- ao som de uma música bem compassada, deveriam fazer a percussão dela com pauzinhos de churrasco. Poderiam bater um pauzinho no outro, bater os pauzinhos no chão, nas carteiras e, quando o volume da música fosse diminuído, bater os pauzinhos nas suas próprias pernas, mantendo, assim, o ritmo da música, mas diminuindo o volume da percussão;

- em seguida, a classe foi dividida em grupos, sendo-lhes pedido que, seguindo uma seqüência rítmica de compassos 4 × 4 e usando sacolinhas plásticas (como as de supermercado) como "instrumento musical", criassem movimentos variados que acompanhassem a seqüência rítmica. Cada grupo apresentaria aos demais a seqüência construída;
- em círculo, todos cantam a música *Escravos de Jó* e, em seguida, cada participante recebe um copo plástico com água até a metade para continuarem a brincadeira, passando o copo para o companheiro do lado no ritmo da música e sem derrubar a água;
- para finalizar, a dinâmica do "ler os símbolos com o corpo". Apresentei à turma quatro símbolos, cada um com um significado:
  ♠ = bater palmas
  ♣ = bater as mãos nas pernas
  ♦ = bater um pé no chão
  ♥ = fazer silêncio

Após todos terem "treinado" e decorado a resposta que deve ser dada a cada símbolo, apresentei diversas seqüências de símbolos. Eu marcava o ritmo, apontando para um símbolo de cada vez, da esquerda para a direita.

Exemplo de seqüência: ♠ ♠ ♥ ♦ ♦ ♣ ♣ ♣ ♠ ♠.

Isto significa que os alunos, cada vez que eu apontasse um símbolo, deveriam fazer aquilo que ele significava. No exemplo acima, deveriam: bater palmas, bater palmas, fazer silêncio, bater um pé no chão, bater um pé no chão, bater as mãos nas pernas, bater as mãos nas pernas, bater as mãos nas pernas, bater palmas e bater palmas.

Comentários

Em círculo, os alunos conversaram sobre as formas de utilizar estes exercícios em diferentes etapas do ensino. Afirmaram que seria importantíssimo reconquistar o espaço para a música no currículo escolar e, além disso, que fossem desenvolvidas pesquisas sobre a metodologia do ensino da música nas escolas, de forma a abranger as inteligências dos alunos. Julgaram, além disso, ser primordial que o educador vivencie a experiência musical antes de transmiti-la a seus alunos.

5.4.3 Perfil de educador

Marco Antonio Fernandes
Margarida Rondelli Fávero

Desvelando o cenário

Dirigimos esta vivência como monitores de uma disciplina do terceiro ano de Pedagogia de uma faculdade de Americana, São Paulo. A vivência, com duas horas de duração, ocorreu numa sala forrada de tatames (sala de judô) e teve como objetivo estimular o aluno a refletir sobre as características de seu próprio perfil de educador.

Aquecimento

Um dos conteúdos que haviam sido abordados nas aulas anteriores pela professora titular da disciplina foi a vida e a obra de J. L. Moreno, criador do psicodrama. Com os alunos sentados em círculo, retomamos o período da vida em que Moreno contava histórias às crianças, nos jardins de Viena, e contamos uma dessas histórias.

Resumindo, trata-se da história de uma tribo de índios, onde as crianças não recebiam nome assim que nasciam. Elas viviam a infância e, ao atingirem certa idade, era feita uma grande festa na qual eles apresentavam aos demais membros da tribo qual nome haviam escolhido. Uma criança que gostasse de correr, provavelmente escolheria "Cavalo Veloz"; outra, que gostasse de meditar, poderia se chamar "Lua Brilhante", e assim por diante, de acordo com suas habilidades, aptidões e seus gostos pessoais.

Dramatização

Os alunos foram convidados a ficar em pé e andar pelo espaço, como se estivessem em uma floresta. Deveriam olhar para toda aquela paisagem e escolher um nome que fizesse sentido para cada um. Não poderiam ser nomes comuns à nossa cultura, como Maria ou José. Tinham de ser nomes de elementos, animais, imagens, fenômenos da natureza. Ao escolherem o nome, cada um deveria sentar-se no círculo até que todos tivessem terminado.

Em duplas, cada um contou ao outro o nome que havia escolhido, dizendo qual era o significado deste nome para si. Depois, cada um deveria dizer também ao outro qual era a relação (ou se existia alguma relação) entre o nome que escolheu e as características do seu perfil de educador.

Novamente num único círculo, os que se sentiam mais motivados contaram a experiência vivenciada, dizendo para o grupo as reflexões que surgiram a respeito do seu perfil profissional. Foram estimulados a analisar este perfil, tentando encontrar o lado positivo e o lado negativo de cada característica.

Pedimos, então, que o grupo compusesse um "quadro fluido". Dentro de um quadrado traçado no chão, apontamos para os alunos a localização de três áreas diferentes: uma área, num lado inferior do quadrado, onde estariam todos os elementos ligados ao chão (rios, areia, raízes etc.), uma área mediana, onde estariam as coisas que ficam sobre a terra (animais, árvores, flores etc.), e uma área, no lado oposto do quadrado, onde estariam os elementos do céu (nuvens, estrelas, pássaros etc.). Ao quadro demos o nome de "A educação". Os alunos deveriam "pintar" este quadro, colocando-se em algum lugar dentro dele, levando em conta as áreas determinadas por nós. Um a um, os alunos saíam do círculo, posicionavam-se num lugar do quadrado, diziam o nome escolhido e completavam a frase: "Eu estou na Educação para (ou porque)...".

Os alunos que quisessem, depois de o quadro estar formado, poderiam mudar de lugar, aproximando-se ou afastando-se dos elementos presentes no quadro, sempre dizendo em voz alta o motivo da mudança: aproximar-se de quem, por quê, em que isso mudaria o quadro da Educação.

Comentários e síntese

Sentados em círculo, alguns participantes expuseram as dificuldades encontradas no trabalho docente e na educação, como os problemas de relacionamento, a resistência à mudança, o uso e abuso do poder, a falta de coesão grupal. Para cada dificuldade apresentada, pedíamos que os alunos tentassem propor saídas ou soluções, sempre enfatizando as características do perfil profissional.

5.4.4 Abordagem de questões filosóficas por meio de dramatizações

Lourdes Aparecida Pestana Estronioli

Desvelando o cenário

Este trabalho foi realizado com onze alunas da primeira série de um curso de Pedagogia, na disciplina Introdução à Filosofia, por mim ministrada. O tempo utilizado foi o de duas aulas seqüenciais de cinqüenta minutos cada uma. O objetivo foi o de, por um exercício filosófico prático, avaliar a compreensão das alunas em relação aos conteúdos abordados durante o semestre. O fato de a aula ter sido gravada permitiu que os diálogos ocorridos fossem transcritos neste texto. Para clarificar a apresentação do relato, os erros de português contidos nas falas espontâneas foram corrigidos no momento da sua redação, mantendo-se, obviamente, a fidelidade ao conteúdo.

Aquecimento

Propus à classe a criação de quatro personagens, para dramatizar um diálogo filosófico. A escolha dos personagens deveria acontecer de forma espontânea, emergindo aqueles que se sentiam mais envolvidos.

Com os personagens escolhidos, passou-se à construção de cada um deles, com a participação de todos os alunos.

Primeiro personagem: O "Senhor Sabe-Nada"
Um ser imaginário que, assim como Sócrates, só sabe que nada sabe e tem a característica de ser exigente com qualquer conhecimento pronto que lhe seja dado.

Segundo personagem: O "Senhor Sabe-Tudo"
É o primeiro personagem encontrado pelo(a) "senhor(a) Sabe-nada", no caminho em busca do conhecimento. Caracteriza-se como um(a) sábio(a) que, acreditando deter todo o conhecimento humano, professa suas idéias de uma forma que não admite dúvidas, como certezas absolutas, quase autoritárias. Ele acredita que tem explicações para tudo e pode responder a qualquer pergunta. Por mais difícil que seja a pergunta, ele deve responder com a postura de quem sabe tudo, não importando a resposta, pois o importante virá em seguida, a refutação da resposta pelo(a) "senhor(a) Sabe-nada".

Terceiro personagem: "Deus Todo-Poderoso"
O personagem a ser encontrado pelo(a) senhor(a) Sabe-nada no caminho é Deus Todo-Poderoso. Esse personagem dará respostas sobre religião para responder aos questionamentos de uma pessoa que não conhece religião nem Deus. O personagem que desempenhará o papel de Deus deverá demonstrar um conhecimento absoluto do homem e do universo, devendo ser respeitado pelos outros personagens (afinal, ele é Deus!).

Quarto personagem: "Um Filósofo"
O último personagem do caminho é o mais "comum" dos três, mas, mesmo assim, com ares de quem tem muito conhecimento, posto que é um filósofo famoso e reconhecido. Espera-se dele que seja consciente das suas limitações ao dar respostas e, ao mesmo tempo, seja capaz de reconhecer no senhor(a) Sabe-nada alguém aparentado consigo mesmo, em termos de comportamento. O filósofo deverá surgir ao final da primeira jor-

nada da busca do conhecimento, tendo passado pelo conhecimento absoluto e pela resposta baseada em explicações religiosas.

O espaço cênico foi delimitado: no chão da sala de aula, foi desenhada, com giz, uma árvore. Essa árvore tinha uma grande copa em que se desenrolaria a ação dramática; as raízes seriam a porta de entrada e saída para o espaço cênico e o tronco seria o corredor que levava até ele.

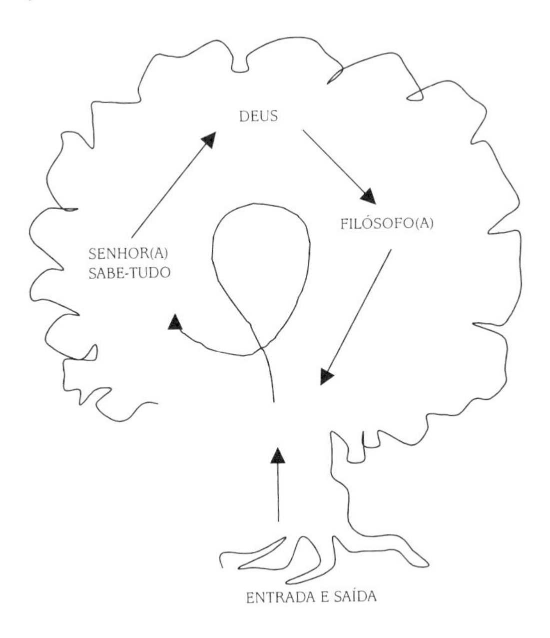

Na copa da árvore, foram disponibilizados alguns materiais, como panos e lenços, para que as pessoas se caracterizassem. Do ponto de vista de quem entrava nesse espaço pelo tronco/corredor, o(a) "senhor(a) Sabe-tudo" ficou na extremidade esquerda da copa, Deus na extremidade à frente (ou no topo da árvore) e o(a) filósofo(a) na extremidade direita da copa. Cada personagem foi aquecido especificamente para o papel que iria desempenhar.

Dramatização

O(a) filósofo(a), Deus e o(a) "senhor(a) Sabe-tudo" foram posicionados no espaço cênico, enquanto a "senhora Sabe-nada" ficou do lado de fora da árvore. Apenas ao dar início à dramatização é que ela entra na árvore e começa a dialogar com os personagens com os quais se encontra:

Senhora Sabe-nada: Quem é você?
Senhora Sabe-tudo: Eu sou a senhora Sabe-tudo.
Senhora Sabe-nada: Você sabe tudo mesmo? Será que você poderia me ajudar a descobrir de onde vem o mundo?
Senhora Sabe-tudo: O que você sabe sobre o mundo?
Senhora Sabe-nada: Eu não sei nada, eu só sei que eu não sei nada.
Senhora Sabe-tudo: [...] Mas como você veio andando por esse caminho?
Senhora Sabe-nada: Alguém me trouxe. Eu só quero saber de onde veio o mundo.
Senhora Sabe-tudo: Mas por que você quer saber de onde veio o mundo? Primeiro você tem de saber o que é isso tudo [...] eu vou lhe apresentar algo, isso aqui [pega um lenço], sabe o que é isso aqui? Eu lhe apresento o lenço. Agora você sabe o que é isso aqui, não é?
Senhora Sabe-nada: É um lenço.
Senhora Sabe-tudo: E se eu deixar ele ali [joga o lenço e se afasta] e você passar andando, você vai reconhecer que é um lenço?
Senhora Sabe-nada: Sim.
Senhora Sabe-tudo: Aí é que está. Muitas pessoas passam por ele e não reconhecem que é um lenço, dizem que não é nada.
Senhora Sabe-nada: Mas o que isso tem a ver com o mundo?
Senhora Sabe-tudo: É nisso que eu quero chegar, o mundo é isso que está em torno de você. Você está passando por ele e então se pergunta: O que é o mundo?
Senhora Sabe-nada: Então esse chão é o mundo?
Senhora Sabe-tudo: Tudo isso faz parte do mundo.
Senhora Sabe-nada: Como você sabe tudo isso?
Senhora Sabe-tudo: Porque eu sei tudo, eu estudei para saber.
Senhora Sabe-nada: Você não é o mundo?
Senhora Sabe-tudo: Não, eu sou apenas uma pessoa, e também faço parte do mundo, porque, se nós não fizéssemos parte desse mundo, esse mundo também não existiria.

Senhora Sabe-nada: Você sabe de onde ele veio?
Senhora Sabe-tudo: Uns dizem que ele foi criado por Deus, você conhece Deus?
Senhora Sabe-nada: Não.
Senhora Sabe-tudo: Pois você logo vai conhecê-lo. Outros dizem que houve uma explosão, e dessa explosão surgiu o mundo, e outros dizem muitas outras coisas. Agora cabe a você escolher em que acreditar.
Senhora Sabe-nada: Mas qual é a resposta certa?
Senhora Sabe-tudo: Isso eu não sei...
Senhora Sabe-nada: Mas você não sabe tudo?
Senhora Sabe-tudo: Eu sei tudo que está sendo colocado, eu sei que disseram que Deus criou e que surgiu de uma explosão. Como você acha que surgiu o mundo?
Senhora Sabe-nada: Eu não sei nada.
Senhora Sabe-tudo: Mas eu estou lhe apresentando.
Senhora Sabe-nada: Mas você sabe tudo ou sabe tudo que eles dizem?
Senhora Sabe-tudo: Eu sei coisas que eu descobri e sei coisas que disseram e eu tomei como verdade para mim. Eu não consigo saber tudo, mas o conhecimento pode ser adquirido, você pode adquirir o conhecimento sobre como é o mundo e de onde ele veio, basta você querer.
Senhora Sabe-nada: Você adquiriu esse conhecimento?
Senhora Sabe-tudo: Eu adquiri vários conhecimentos, bastou eu escolher [...]
Senhora Sabe-nada: [...] Mas de onde as pessoas tiraram essas respostas?
Senhora Sabe-tudo: De reflexão, de olhar, de ver e de aceitar o que os outros disseram.
Senhora Sabe-nada: Quer dizer que se eu olhar essa coisa eu saberei de onde vem o mundo?
Senhora Sabe-tudo: Não, mas você pode juntar várias observações e dar uma resposta diferente que pode não ser aceita pelos outros, mas pode ser aceita por você mesma.
Senhora Sabe-nada: Alguém viu o mundo sendo criado?
Senhora Sabe-tudo: Pelo que eu sei, pelo que me informaram,

não. Uma coisa em que eu acredito é que ele foi criado por Deus, agora você quer saber quem é Deus? Você vai encontrá-lo.
Senhora Sabe-nada: Eu vou tentar encontrar uma resposta para isso tudo, mas está muito confuso.
Senhora Sabe-tudo: Realmente, até adquirir esse conhecimento, até chegar a uma conclusão é tudo confuso.

A "senhora Sabe-nada" sai da presença da "senhora Sabe-tudo" e chega até Deus desenrolando-se outro diálogo:

Senhora Sabe-nada: Eu gostaria de saber quem é esse Deus que todo mundo diz que criou o mundo.
Deus: Eu estou aqui, venha até mim.
Senhora Sabe-nada: Será que você poderia me ajudar a descobrir de onde veio o mundo? Dizem que ele foi criado por você.
Deus: Realmente, o mundo foi criado por mim, eu criei tudo.
Senhora Sabe-nada: Mas como você criou o mundo? Quem criou você?
Deus: Eu existo aqui, eu habito, eu sou a luz...
Senhora Sabe-nada: Você veio da luz, então?
Deus: Não, eu sou o espírito.
Senhora Sabe-nada: O que é um espírito?
Deus: [...] O espírito é tudo que pode habitar em nosso corpo, mas não vemos.
Senhora Sabe-nada: Então, foi isso que fez o mundo?
Deus: Não, eu fiz o mundo, eu sou Deus, eu criei tudo o que você vê.
Senhora Sabe-nada: Mas como você pôde criar tudo se você é espírito?
Deus: Porque eu tenho poder. [...]
Senhora Sabe-nada: Mas e antes de você? O que existia?
Deus: Nada existia, era tudo um nada.
Senhora Sabe-nada: E você? Você já existia?
Deus: Eu sempre existi, eu sou o Deus supremo.
Senhora Sabe-nada: O que significa Deus? Qual o significado?
Deus: Deus significa toda a sabedoria, todo o poder.
Senhora Sabe-nada: Ela [senhora Sabe-tudo] também era Deus? Ela tem sabedoria.

Deus: Ela tem sabedoria, mas é só um ser humano.
Senhora Sabe-nada: Qual a diferença entre ser humano, Deus e sabedoria?
Deus: Eu sou o ser supremo e tive o poder de criar e tive o poder de acabar [com o mundo], o sábio não tem. [...]
Senhora Sabe-nada: Existia bondade antes de se criar o mundo?
Deus: Só existia bondade, os sentimentos humanos errantes é que criaram a maldade.
Senhora Sabe-nada: Se só existia bondade, por que criar o mundo?
Deus: Porque eu gostaria que vocês fossem todos bons. [...]
Senhora Sabe-nada: É, eu gostaria de saber de onde veio o mundo mesmo, como é que foi feito, como é que esse chão existe [bate o pé no chão], essa árvore, você...
Deus:... Bom, eu sempre existi.
Senhora Sabe-nada: Onde é que você ficava?
Deus: Em todo o universo.
Senhora Sabe-nada: Então já existia o universo antes de ser criado o mundo?
Deus: Não, só existia escuridão.
Senhora Sabe-nada: Escuridão? Como era essa escuridão, hein?
Deus: É difícil explicar a você que pensa de uma forma material, eu estou falando de uma forma espiritual.
Senhora Sabe-nada: Como se pensa espiritualmente?
Deus: Você pensa com a alma, pensa com o coração.
Senhora Sabe-nada: Quer dizer que se eu pensar espiritualmente posso criar o mundo?
Deus: Não, mas você pode criar a sua vida, pode ser o que você quiser, pode escolher entre o bem e o mal.
Senhora Sabe-nada: Só existem essas duas escolhas?
Deus: Sim.
Senhora Sabe-nada: Qual é a melhor?
Deus: O bem.
Senhora Sabe-nada: Então, por que existem duas?
Deus: Cabe a você escolher.
Senhora Sabe-nada: [...] Se eu não sei nada, como vou distinguir entre bem e mal?

Deus: Você só pensa que não sabe nada, mas está buscando saber algo mais. Eu desejo que os homens que habitam essa Terra vejam quão bonita ela é e sigam o caminho do bem.
Senhora Sabe-nada: E eles vêem assim?
Deus: Não. [...]
Senhora Sabe-nada: Você deseja e cria o mundo, mas ao mesmo tempo não consegue desejar que os homens façam o que você quer.
Deus: É por isso que eu estou pensando seriamente em destruir a Terra. [risos] [...]
Senhora Sabe-nada: Mas você pode destruir ou desejar que seja melhor.
Deus: Mas eu desejo... eu desejo, mas as pessoas estão tomadas por outros tipos de desejos, aliás, elas não querem saber de onde vêm e o que estão fazendo aqui, só querem saber do hoje, hoje...
Senhora Sabe-nada: Mas não basta desejar?
Deus: [...] Sim.
Senhora Sabe-nada: E por que não acontece então?
Deus: Não sei [ri]. Eu conheço um ser humano igual a você que faz muitas e muitas perguntas, mas não veio até mim ainda. Siga por ali que talvez ele tenha a resposta.

A "senhora Sabe-nada" dirige-se até o(a) filósofo(a):

Senhora Sabe-nada: De onde veio o mundo?
Filósofo(a): [...] O mundo é justamente aquilo que você está buscando.
Senhora Sabe-nada: Mas eu estou buscando encontrar uma resposta.
Filósofo(a): A resposta está dentro de você.
Senhora Sabe-nada: Mas como dentro de mim?
Filósofo(a): Veja bem... na minha situação, eu sou um filósofo importante, fiz mestrado, doutorado... O filósofo está sempre buscando o conhecimento, questionando, o filósofo vê algo e não olha para aquilo como algo concreto. Você também está buscando, no fundo você também é uma filósofa.
Senhora Sabe-nada: Mas eu só quero saber de onde veio o mundo.

Filósofo(a): O mundo está dentro de você.
Senhora Sabe-nada: Mas será que eu sou tão grande assim?
Filósofo(a): Aí é que está, como você sabe que o mundo é grande? Você já tem uma noção do que é o mundo.
Senhora Sabe-nada: Porque ele é maior do que eu.
Filósofo(a): Maior em que sentido?
Senhora Sabe-nada: Eu estou pisando nele, olha.
Filósofo(a): Mas o mundo é só isso em que você está pisando?
Senhora Sabe-nada: É isso que eu estou tentando descobrir [...] de onde vem tudo isso que está à minha volta?
Filósofo(a): Eu já ouvi dizer também que Deus criou o mundo...
Senhora Sabe-nada: Eu já estive com ele, mas ele não deu a resposta concreta. [...]
Filósofo(a): Bom, nós filósofos não temos as respostas concretas.
Senhora Sabe-nada: Então para que vocês servem?
Filósofo(a): Para questionar e questionar... para buscar respostas. [...]
Senhora Sabe-nada: Eu já passei pela senhora Sabe-tudo, por Deus, e você também não sabe.
Filósofo(a): Mas você não chegou até o fim, você tem uma longa caminhada pela frente [...] ao longo da sua vida você vai descobrir, você vai passar por situações, você vai conhecer pessoas...
Senhora Sabe-nada: Mas como você sabe que existe um fim?
Filósofo(a): Eu acredito assim.
Senhora Sabe-nada: E acreditar é ter a resposta?
Filósofo(a): Não concretamente.
Senhora Sabe-nada: Mas, então, como você afirma isso?
Filósofo(a): Como filósofo que sou [...] eu penso que em determinado momento, em determinada situação, nós vamos ter a resposta.
Senhora Sabe-nada: Então, eu vou ter de buscar a resposta em outro lugar...

E a dramatização termina com a "senhora Sabe-nada" sendo conduzida para fora do espaço dramático.

Compartilhamento e síntese

As alunas finalizaram a sessão dialogando sobre a experiência vivida. Ainda como personagens, comentaram:

"Eu, Deus, penso que o ser humano é um poço de indagações que nunca acabam."
"Eu, filósofa, me senti na obrigação de saber aquilo que a pessoa me perguntava [...] falta muito para eu ser filósofa."
"Eu nunca me sentiria como uma pessoa que não sabe nada; mesmo que nós não digamos o que sabemos, a gente sempre sabe alguma coisa."
"Quem pergunta tem o poder do conhecimento [...] ninguém estava lá quando o mundo foi criado."

Depois, chegado o momento de todos fazerem seus comentários, as alunas afirmaram que tiveram muita dificuldade em desempenhar aqueles papéis, seja pela complexidade do assunto, pelo quanto é polêmico, pela falta de respostas que têm a respeito e do quanto desconhecem o assunto. Mesmo assim, julgaram que foi mais fácil pensar sobre estas questões pela dramatização do que seria caso fossem diretamente interpeladas por um professor.

Como síntese, pedi às alunas que transformassem numa única palavra o significado daquela aula para cada uma. As palavras que surgiram foram: REFLEXÃO (duas vezes), NOVIDADE, SATISFATÓRIO, INTERESSANTE, INOVADOR, SURPRESA, EXPERIÊNCIA, CONHECIMENTO e DÚVIDA.

5.4.5 Negociação: mediação de conflitos

Eloah Risk

Desvelando o cenário

Este trabalho reflete uma experiência vivenciada em sala de aula com alunos do curso de Administração Geral, correspondente ao quarto semestre, onde leciono a disciplina de Administração de Recursos Humanos, numa faculdade do interior de São Paulo.

A turma se compõe por quarenta alunos, de faixa etária variável, refletindo na condição comum de discentes a diversidade de posições na atuação profissional, estando a grande maioria empregada, e alguns poucos desempregados. Porém, todos buscando o aprimoramento profissional, entendendo a conclusão do curso superior como uma exigência de mercado, além de ser, também, a etapa primeira a ser vencida na promoção de uma carreira de sucesso.

Aquecimento

A experiência se inicia com o aquecimento do grupo por meio de uma dinâmica envolvendo a construção do perfil do negociador. Por respostas a um questionário, eles irão identificar o tipo de negociador em que se enquadram. Transcorrida a primeira fase, tendo todos apreendido as ferramentas conceituais para usá-las com adequação, tratamos de estabelecer as regras para o desenvolvimento da vivência.

Foi assim que: a) foi definido o círculo onde se processaria a ação, pela demarcação do espaço cênico; b) foi estabelecido o número de três personagens que desenvolveriam a ação; e c) ficou acertada a participação dos demais integrantes, quando e como poderiam intervir na ação dramática.

A dramatização teria como pano de fundo o conflito de interesses que se estabeleceria a partir do diálogo travado entre um profissional de determinada empresa e o seu gerente de recursos humanos. O primeiro estaria solicitando um aumento de salário, baseado em motivações pessoais. Já o gerente estaria incumbido de comunicar-lhe sua demissão do quadro funcional da empresa, tendo em vista a necessidade de adequação de custo a uma nova realidade.

Cada um conhecendo as características gerais da história a dramatizar e dos personagens nela contidos, a construção específica de cada personagem seria inteiramente livre, no que diz respeito à criação da sua problemática existencial.

Dramatização

O profissional inicia sua fala com um solilóquio em que faz uma breve exposição dos seus 20 anos de empresa, desenvolvendo uma carreira de sucesso. Falou da experiência adquirida, da sua importância para ele e para a empresa, dos amigos conquistados, dos sacrifícios vividos pela empresa, das horas-extras roubadas ao convívio familiar, enfim, de tudo quanto de bom e produtivo tinha vivenciado nesse período.

A gerente ouvia tudo com atenção sem interrompê-lo, sendo as poucas interferências apresentadas sempre no sentido de corroborar e elogiar o seu desempenho profissional.

Sentindo-se confiante, o profissional colocou com bastante ênfase a situação em que se encontrava. Como pai zeloso e responsável pelo bem-estar de sua família, estava radiante porque sua filha havia passado no vestibular para o curso de Medicina, razão pela qual se achava ali, justificando a solicitação por um aumento salarial que pudesse fazer frente às despesas de manutenção do curso da filha numa instituição particular. Sua fala foi recheada de orgulho refletindo a satisfação do pai com o desempenho da filha, e o seu próprio, por ter-lhe propiciado uma educação esmerada, valendo todos os sacrifícios.

Entretanto, a gerente, embora tenha iniciado sua fala com palavras de elogios e incentivos ao profissional, cumpriu à risca o seu papel, tentando eliminar qualquer expressão de emoção e enfatizando as dificuldades da empresa, numa tentativa antecipada de justificar sua atitude posterior, ao informá-lo sobre sua demissão.

A gerente fez toda uma explanação do momento atual da empresa. Falou a respeito da compra de 49% de suas ações por um novo grupo e que novos sócios exigiram a implantação de um programa de renovação do quadro funcional, objetivando a diminuição de custos. E que este fato implicava necessariamente a demissão dos profissionais mais antigos, porque representavam os salários mais altos.

Toda a sua explanação estava revestida de palavras elogiosas, reconhecendo os serviços prestados pelo profissional à empresa, e ao mesmo tempo palavras encorajadoras, fazendo-lhe enxergar naquela mudança inoportuna a possibilidade de crescimento profissional, omitindo-se, é claro, de fazer referência à sua idade e outras questões em que o mercado impõe seus paradigmas, e que serviram como empecilho à sua rápida absorção pelo mercado empregador.

O discurso, portanto, refletia o compromisso da empresa. Ela foi enfática ao afirmar os motivos pelos quais a empresa estava disponibilizando o profissional, não deixando a ele outra alternativa senão aquela de assinar um documento reconhecendo e aceitando sua demissão.

O profissional diante do exposto demonstrou inicialmente sua indignação pela forma sumária como estava sendo tratada sua vida profissional, sua decepção e sua infelicitação pelas conseqüências desastrosas que adviriam do ato demissionário para sua família e, em especial, para os sonhos da filha de ingressar na universidade.

Apesar do impacto fortíssimo das informações que acabara de receber, mesmo com o mundo caindo sobre sua cabeça, tentou se recompor, assimilando os golpes com maturidade, buscando saídas, alternativas para aquela situação. De imediato, recusou-se a assinar tal documento, ressalvando que a sua recusa não era um ato de insubordinação ao processo, mas de protelamento, porque gostaria de falar com um dos diretores, de quem se considerava amigo, além de compadre, portanto, alguém que ele acreditava pudesse interceder a seu favor naquelas circunstâncias.

Sem nenhum comprometimento da gerente do RH, ficou subentendido que o processo seguiria seu curso normal, enquanto, paralelamente, ele tentaria, com o diretor, reverter a situação.

O alegado diretor, embora fosse integrante do time de futebol da empresa, jogando junto com o profissional em questão durante todos aqueles anos de convivência, e ainda seu amigo particular e padrinho da sua filha vestibulanda, nem assim atendeu às sucessivas solicitações para uma entrevista. Tentava evitar o desconforto da situação, pois entendia que nada poderia fazer pelo amigo.

Entretanto, o profissional, obstinado em reverter sua situação e vendo a sua constante recusa em recebê-lo, foi até a sua casa para, num ambiente externo, poder conversar ao mesmo tempo com o diretor, o amigo e o compadre.

Embora o diretor o tenha recebido com cordialidade, repetiu a exposição de motivos alegados pela sua gerente do RH, eximindo-se de culpa, ao remeter à nova diretoria a responsabilidade por aquele procedimento e que ele não tinha como interceder a seu favor junto a ela.

Entretanto, numa cartada final, o profissional lança mão do recurso da terceirização, como forma de equalizar o problema dele e da equipe que estaria junto com ele, sendo dispensada. Sugeriu a possibilidade de recontratá-los como profissionais terceirizados, pois, valendo-se deste mecanismo, ele poderia diminuir seus custos operacionais, sem contudo chegar ao extremo da demissão sumária e irreversível. Era uma forma conciliatória de resolver o impasse, mantendo os índices de qualidade pela reconhecida boa *performance* da equipe e a responsabilidade social da empresa, ao impedir que bons profissionais fossem engrossar os números dos desempregados neste país.

Em princípio, o diretor ficou surpreso com a proposta, até porque reconhecia que esta deveria ter partido da empresa, refletindo a preocupação de buscar novos caminhos conciliatórios, que não fosse pura e simplesmente a demissão. Porém, já que não havia partido dela, pelo menos assegurou ao amigo que levaria a sua proposta ao conselho deliberativo da empresa, ressalvando sua pouca condição de influência na decisão do grupo.

É bom lembrar que, durante os diálogos travados entre os três atores, a participação da classe com a platéia se deu por interferências oportunas, sempre com a mediação da diretora/professora.

Comentários

Passemos agora ao compartilhamento das experiências com os atores, expressando-se com base nos seus papéis.

Fala do profissional:

"Expectativa feliz de poder proporcionar à filha a consecução do seu projeto de vida."

"Exposição confiante dos seus motivos com arrazoado de intenções que permitiam embasar com propriedade sua solicitação."

"Reversão imediata de expectativa, tão logo inicia a gerente a sua fala."

"Decepção total, sentimentos de raiva, revolta, impotência, incapacidade, autopiedade, autopunição, pela impossibilidade de reversão do quadro."

"Misto de sensação de fracasso e esperança no apelo formulado ao amigo diretor."

"Com o diretor, a certeza de que este nada faria por ele, apesar da amizade, que não fosse bom para o interesse da sua empresa."

"Banalização de sentimentos: amizade, solidariedade, palavras destituídas de conteúdo, quando colocadas em cheque em situações em que interesses são conflituosos."

"Certeza de que só ele poderia mudar sua vida. Sensação de solidão, e senso de responsabilidade aguçado, provocando uma sensação de impotência diante da vida, da sua família e de si próprio."

"Ambigüidade no uso de conceitos pelo meio empresarial. Apropriação do conceito de responsabilidade social de forma parcial, como justificativa na tentativa de salvar a empresa. Utilização da máxima: "Sacrifico alguns para salvar a maioria".

Fala da gerente de recursos humanos:

"Necessidade de eliminar qualquer tipo de demonstração de sentimentalismo ao assumir a responsabilidade de representar os interesses da empresa."

"Sentimento de solidariedade mesclado ao sentimento de profissionalismo, justificando perante si as atitudes assumidas."

"Ausência de senso crítico, sem nenhuma preocupação de buscar alternativas para evitar a demissão."

"Utilização do senso comum/prático em lugar do senso moral/ético."

"Absorção do discurso neoliberal, do capitalismo selvagem, sem nenhum questionamento, atuando inconscientemente como reforço ao *status quo* do sistema."

"Subserviência ao sistema como meio de sobrevivência a ele. Medo de perder o emprego."

"Fuga total de responsabilidade, remetendo esta aos seus superiores, sublinhando sua condição de mera comunicadora do fato."

"Profissional disciplinada atuando como reprodutora do sistema, sem esboçar qualquer tipo de resistência ou enfrentamento."

Fala do diretor:

"Constrangimento criado pela situação incômoda de ter de se entrevistar com o profissional."

"Preocupação em salvar as aparências sem, contudo, se comprometer lado a lado."

"Ambigüidade de sentimentos, deixando suas preocupações e seus interesses empresariais falar mais alto do que a amizade ao compadre e a solidariedade e o respeito ao profissional."

"Comportamento bitolado, pouco criativo, centrado em procedimentos conservadores."

"Dificuldade para lidar com a questão da responsabilidade social, pela falta da incorporação desta como valor na sua empresa."

"Mentalidade empresarial, sufocando qualquer tipo ou sinal de sensibilidade no trato das questões envolvendo os recursos humanos."

"Comprometimento com metas e números da empresa e nenhum com seus colaboradores."

"Atitude fria e evasiva, sem demonstrar nenhum apelo afetivo."

"Interesse pela proposta, mais do que pelo proponente."

Compartilhando a vivência do psicodrama com a classe, agora com os protagonistas se despojando dos seus papéis.

Alguns comentários dos integrantes da platéia:

"Vontade de voar no pescoço da gerente de RH, pela sua insensibilidade diante do exposto."

"Sentimento de solidariedade e identificação com os motivos e a situação do profissional."

"Revolta contra o sistema quando atenta para o problema gerado pela demissão."

"Submissão ao sistema por absoluta falta de senso crítico e postura revolucionária."

"Necessidade de humanização dos processos dentro das corporações."

"Busca de soluções criativas, desprezando os caminhos fáceis da burocracia reinante."

"Necessidade de quebra de paradigmas, remetendo o profissional maduro à condição de exclusão do processo produtivo pela idade, desprezando toda a sua vivência tácita."

"Necessidade de tratar diferentemente homens das máquinas, levando em consideração sua problemática existencial."

"Constatação da fragilidade do ser humano diante do poder do sistema, tornando-o facilmente manipulado por ele."

"Reprodução do discurso sem nenhum constrangimento."

"Ficha caindo: 'Eu sou você amanhã'. Inversão de papéis."

"Necessidade de estabelecer controle para suas emoções, privilegiando o profissional e sufocando o homem e suas circunstâncias."

"Reconhecimento de papéis e a reversibilidade deles, necessidade de agir com responsabilidade para não comprometer seu desempenho, bem como cometer injustiças."

Síntese

Poderíamos listar um sem-número de colocações que deixou de ser mencionado e expressaria a vivência do grupo por meio dessa dramatização. Entretanto, o mais importante foi perceber na fala de todos os participantes o despertar de uma consciência profissional centrada em valores éticos e humanos. A técnica usada, o *role-playing* (ver Capítulo 3 deste livro), deixou claro como ela pode favorecer este despertar, na medida em que provoca uma situação de vida em que são trabalhados conflitos do cotidiano que nem sempre são assimilados e trabalhados convenientemente, deixando seqüelas que se arrastarão *ad infinitum*.

A mensagem final nos dá conta de como podemos trabalhar uma situação real por técnicas dramáticas, para fazer emergir espontaneamente os componentes de realismo, de emotividade, de expressividade corporal e verbal na fala dos participantes.

Finalizando, gostaria de enfatizar também a importância da utilização desta técnica no meio organizacional, como ferramenta para mediar conflitos oriundos da concepção errada na definição de papéis dentro da corporação, de liderança mal exercida, de autocracia etc., lembrando inclusive que, embora este exercício tenha ocorrido em sala de aula, seus protagonistas no palco da vida exercem posições relevantes dentro das empresas, o que confere ao nosso trabalho valor científico, para apresentá-lo como uma alternativa viável na condução dos múltiplos problemas que se estabelecem a partir da inter-relação pessoal.

5.5 Em reunião de professores

5.5.1 Temas transversais na educação

Cláudia Regina Lopes

Desvelando o cenário

Esta sessão de psicodrama aconteceu numa escola municipal da periferia do município de Limeira, da qual sou a coordenadora pedagógica. A escola conta com 36 professoras, 25 funcionários que realizam serviços gerais e 750 alunos.

Na rede municipal de ensino de Limeira estão previstas, na carga horária do docente, três horas-aula de Hora de Trabalho Pedagógico Coletivo (HTPCS), a serem cumpridas dentro da unidade escolar. O grupo que participou compunha-se de dez professoras de ensino fundamental da própria escola que, naquele dia, estavam participando do HTPC.

O trabalho desenvolvido foi sobre os temas transversais – ética, pluralidade cultural, meio ambiente, saúde e orientação sexual – contidos nos Parâmetros Curriculares Nacionais (PCN), documento oficial do Ministério da Educação, referente ao ensino fundamental. Os temas transversais são uma proposta educacional voltada para a compreensão da realidade social e dos direitos e responsabilidades de cada um em relação à vida pessoal, coletiva e ambiental, e devem ser abordados por todos os professores, independentemente da disciplina que lecionam (daí o nome "transversais", pois transpassam todas as áreas de saber).

O objetivo dessa atividade foi possibilitar aos professores uma reflexão sobre esses temas. Foram selecionados, como material de trabalho, trechos dos textos oficiais que apresentam e conceituam cada um dos temas transversais, cartolinas brancas, papéis de vários tipos e cores, canetas hidrocores, lápis de cor, giz de cera e CD com músicas orquestradas. A atividade teve 1h45 de duração.

Aquecimento

Primeiramente, as mesas da sala de reuniões foram encostadas nas laterais da sala e, no centro, criou-se o espaço cênico onde aconteceria a ação dramática. Foi proposto, então, um jogo para formação dos grupos de trabalho.

Ao som de uma música suave, as professoras deveriam caminhar pela sala, respirando pausadamente e observando, atentamente, as pessoas ali presentes. Ao meu sinal, elas deveriam se agrupar, dando-se os braços, de acordo com um número anunciado. As participantes foram se movimentando de um lado para outro da sala, trocando sempre de companheiras, de maneira que, no final do jogo, estavam formadas cinco duplas.

Cada dupla, então, tiraria como carta de um baralho um entre os seguintes temas: ética, saúde, meio ambiente, orientação sexual, pluralidade cultural. Juntamente com cada tema foram distribuídos uma folha de cartolina, papéis de cores e tipos variados, canetas hidrocores e giz de cera.

Dramatização

Com base no tema de cada grupo, foi pedido que as professoras conversassem sobre os temas e tentassem extrair deles os significados mais importantes. Foram dados dez minutos para a troca de idéias.

Após a reflexão, foi pedido que as duplas representassem/ simbolizassem nas cartolinas (por meio de desenhos e/ou imagens construídas com recorte e colagem de papéis coloridos) o que significava aquele tema discutido (desde "o que é" o tema em questão até "qual sua importância" ou "quais são as suas limitações ou dificuldades para trabalhá-lo em sala de aula").

Foram dados 15 minutos para a realização. Em seguida, com todos os trabalhos já terminados, o grupo se sentou, em círculo, em volta do espaço cênico. Cada dupla apresentou o trabalho, verbalizando o significado das imagens e/ou dos símbolos neles contidos, cuja síntese apresento a seguir.

Meio ambiente: os desenhos significavam a necessidade da conscientização das pessoas quanto aos recursos existentes no planeta e os problemas enfrentados para a vida das gerações futuras.

Orientação sexual: foi enfatizada a relação homem-mulher e a sua importância na sociedade; a mulher foi mais evidenciada que o homem, pela busca de sua individualidade e identidade, e pela gravidez indesejada. A homossexualidade, a discriminação, a Aids e as doenças sexualmente transmissíveis estavam presentes.

Ética: a produção da dupla reproduzia um caso verídico de alunos violentos que maltratam os colegas.

Pluralidade cultural: nessa dupla, as imagens produzidas simbolizavam a dificuldade do professor em lidar com alunos portadores de necessidades educativas especiais, deficientes visuais e auditivos, diferenças religiosas e culturais de modo geral.

Saúde: esta dupla apresentou a necessidade do desenvolvimento de hábitos saudáveis e ligados à prevenção, mais do que ao tratamento de doenças. Estavam ali simbolizados o ouvir uma boa música, ler bons livros, as atividades físicas regulares e também, para as crianças, a importância da higiene.

Finalizadas as apresentações, cada dupla colocou seu cartaz dentro do espaço cênico e, assim, todos tiveram a oportunidade de ver e analisar os trabalhos das demais. Depois de observar todos os cartazes, cada dupla recortou do seu cartaz a representação ou o "pedaço" que achou mais representativo do tema, mais importante ou mais significativo.

Foram destacados e colocados no chão os seguintes símbolos: um deficiente auditivo, a leitura de bons livros e o ouvir musicas, as gerações futuras (uma criança), a agressão entre alunos, a relação homem-mulher e o seu papel na sociedade.

Depois, pedi a cinco voluntários, independentemente do grupo a que pertencessem, que escolhessem um símbolo do chão e o expressassem corporalmente, com movimentos e gestos. As representações corporais foram feitas simultaneamente. Neste momento, interferi na cena, fazendo perguntas diferentes a cada um dos participantes, finalizando com a professora que representou o deficiente auditivo:

"Quem é você?" A professora fez um gesto mostrando que era deficiente auditiva. "Qual é o seu papel na sociedade?" Ela fazia que não entendia o que eu estava falando. "Como é ser deficiente?" A professora fez um gesto com as mãos e logo em seguida representou um rosto triste, pois ninguém na escola entendia o que ela falava. "Qual, dentre os outros símbolos, poderia ficar mais próximo a você para lhe ajudar a viver nesta nossa sociedade?" Ela mostrou a pessoa que estava representando as gerações futuras.

O mesmo procedimento ocorreu com todos os símbolos representados, finalizando com o das gerações futuras – a criança. Esta, no final da dramatização, disse sentir que precisava de cuidado; assim, todos os outros personagens da dramatização ficaram ao seu redor. Afirmaram que a criança era a esperança de um amanhã melhor, sem discriminação, sem medo, saudável, solidário, enfim, todos formando uma nação melhor, mais humana.

Comentários e síntese

Após todos terem exposto qual foi, para cada um, o significado daquela vivência (sentimentos, pensamentos, aprendizagens, reflexões, *insights*), propus ao grupo que representasse uma escola ideal. Duas professoras foram ao centro do espaço cênico e dramatizaram uma escola em que todos eram solidários, não havia violência nem preconceitos, mas muito diálogo, respeito e amor.

Espontaneamente, dramatizaram o ser humano que queremos educar. Duas professoras representaram uma criança sonhadora, alegre, que tinha respeito e amizade para com todos.

Finalizando, pedi que dissessem uma palavra que sintetizasse tudo o que havia ocorrido internamente com elas durante aquele nosso encontro. Surgiram palavras como: AVALIAÇÃO, RENOVAÇÃO, REFLEXÃO, COMPROMISSO, RESPEITO, AMOR, SOLIDARIEDADE e COMPROMETIMENTO.

6

Vivência e práxis: relações dialéticas

Olinda Maria Noronha

Toda práxis é atividade, mas nem toda atividade é práxis.
Vázquez,1977, p. 185

A procura do diálogo entre os diversos modos de se chegar à *compreensão da realidade* parece ser em princípio uma atitude metodológica das mais férteis e saudáveis para a ciência em geral e para a educação de modo particular. No entanto, é preciso tomar alguns cuidados para não se incorrer no equívoco sedutor da argumentação pós-moderna que entende o diálogo como dissolução das fronteiras do conhecimento. Edgar Morin tem sido, entre outros, um dos teóricos defensores dessa atitude. Em uma reflexão recente sobre os problemas fundamentais que precisam ser enfrentados para se ensinar neste século afirma que:

> [...] a supremacia do conhecimento fragmentado de acordo com as disciplinas impede freqüentemente de operar o vínculo entre as partes e a totalidade (Morin, 2002, p. 14).

O esforço de integração dos vários estudos buscando esse vínculo proposto por Morin pode representar à primeira vista apenas uma atitude louvável e inocente que visa superar a fragmentação e o isolamento das reflexões no âmbito das disciplinas possibilitando um avanço em direção a uma atitude metodológica da chamada compreensão *pluridimensional* da realidade. No entanto, os fundamentos que embasam esse tipo de reflexão estão situados no ambiente da ideologia pós-moderna que caracteriza a sociedade contemporânea. A principal crítica feita pelos pós-modernos a esse respeito é a de que o mundo é *complexo* e de que, portanto, para se chegar à sua compreensão é preciso superar os reducionismos que as disciplinas impõem ao saber e interligar os saberes pelas *teias* ou *redes* de conhecimento. Deste modo, os defensores da pós-modernidade alegam que os limites ou as fronteiras disciplinares rígidas das ciências, tal como se encontram organizadas, expressam a racionalidade capitalista da divisão técnica do trabalho e, portanto, precisam ser superadas. Superadas como? Por uma atitude metodológica que integre de modo subjetivo e global os saberes sob a justificativa de que vivemos em comunidades que são complexas, multiculturais, e de que só por meio das teias de conhecimento torna-se possível chegar à compreensão do mundo.

Esse tipo de argumentação precisa ser compreendido a partir da questão epistemológica de que a perspectiva conceitual da "complexidade" representa uma atitude anticientífica que tende ao irracionalismo e à dissolução dos campos do conhecimento anulando com isso as suas especificidades. Algumas conseqüências dessa posição é a mistura da ciência com a arte, da vivência com a práxis, das múltiplas culturas e linguagens, do conhecimento universal com o cotidiano, do conceito de comunidade substituindo o conceito de sociedade (não existe mais país e sim grupos de auto-ajuda, de ajuda mútua, cooperativas auto-sustentáveis e outras expressões do gênero). No âmbito da educação esta ideologia defende que o aluno não necessita adquirir conhecimento e sim *aprender a aprender*. Precisa estar preparado (adquirir as competências) para resolver problemas imediatos e formular soluções no interior de uma *cidadania participativa*, por meio de uma atitude crítica positiva e pragmática visando à produtividade do mundo capitalista.

Um dos argumentos centrais dos pós-modernos é o de que as novas tecnologias de produção e de gestão exigem que os compartimentos isolados das disciplinas sejam substituídos por uma forma de compreensão globalizada e integrada pelas teias. E de que a ciência, tal como está estruturada, não só não consegue atingir como inviabiliza os conteúdos de aprendizagem que sejam funcionais e ajudem os alunos a resolver seus problemas imediatos.[1]

A perspectiva de diálogo entre campos do saber implícita nas reflexões que integram esse esforço coletivo de pensar a educação não deve ser confundida, portanto, com a posição pós-moderna de dissolução das fronteiras do conhecimento.

Um dos propósitos destas reflexões é o de responder ao convite para uma reflexão coletiva feita com tanta simpatia, empatia, abertura e generosidade pela professora Luzia Mara Lima. Outro é procurar compreender as relações possíveis entre vivência e práxis. Por este trabalho procura-se, desta maneira, partilhar e compartilhar o permanente desafio de atingir a essência da realidade histórica a partir do movimento que busca compreender o particular como expressão do universal (que é o modo de produção social) e, por meio deste movimento, poder transformar a realidade em algo mais justo e igualitário.

Com o propósito de situar a questão que motiva estas reflexões de ordem metodológica, cabe dizer inicialmente que o problema das relações entre vivência e práxis tem seus fundamentos tanto na questão filosófica e histórica que procura responder (quem é o homem, o que é a sociedade e como ela é produzida), quanto na questão metodológica da construção do conhecimento (relações entre teoria-prática, sujeito-objeto, particular-universal, cotidiano-história).

As relações entre vivência e práxis referem-se, desta maneira, ao problema da experiência sensível, da necessidade desta

1. O debate epistemológico sobre a ideologia pós-moderna é da maior relevância para a compreensão epistemológica das propostas de reformulação curricular contidas nas políticas educacionais atuais; no entanto, escapa ao objetivo deste estudo. A referência a esta questão destaca-se aqui para circunscrever o que se entende por reflexão coletiva sobre um campo específico de conhecimento.

como fonte e limite da práxis humana, da produção de objetos pelo homem e da possibilidade da construção do conhecimento objetivo.

Recorrendo-se às ricas reflexões que Vázquez desenvolve em *Filosofia da práxis*, estudo que constitui uma referência metodológica para o tratamento desta questão, é possível encontrar o emprego do termo "práxis" desde sua etimologia grega.

> Práxis, em grego antigo, significa ação para levar a cabo algo, mas uma ação que tem um fim em si mesma e que não cria ou produz um objeto alheio ao agente ou a sua atividade. Nesse sentido, a ação moral – da mesma maneira que qualquer tipo de ação que não engendre nada fora de si mesma – é, como diz Aristóteles, práxis; pela mesma razão, a atividade do artesão que produz algo que chega a existir fora do agente de seus atos não é práxis. A esse tipo de ação que cria um objeto exterior ao sujeito e a seus atos se chama em grego *poiésis*, que significa literalmente produção ou fabricação, ou seja, ato de produzir ou fabricar algo (Vázques, 1977, pp. 4-5).

Vázquez conclui a partir desta constatação que o trabalho do artesão é uma atividade *poética*, e não *prática*. O objetivo de Vázquez, contudo, não é ficar fiel ao conceito grego de práxis, mas trabalhar com ele a partir de seu objetivo primordial que é o de designar a atividade humana que produz objetos, sem que essa atividade seja concebida com o caráter estritamente utilitário. Por isso entende práxis como a categoria central da filosofia que se concebe ela mesma não só como interpretação do mundo, mas também como guia de sua transformação. Este é o conceito central que busca orientar as reflexões deste estudo.

Com base em uma perspectiva que separa teoria e práxis (próprias do materialismo vulgar e da visão burguesa de mundo), a relação com a experiência pode limitar a práxis aos estreitos limites do materialismo tradicional e do pragmatismo (aversão à teoria e à razão utilitária). A compreensão da práxis dentro de uma relação abstrata com a teoria pode reduzi-la aos limites do idealismo e da abstração (razão pura). Como superar essa polarização e conduzir a compreensão da práxis para o plano de uma atividade humana essencialmente transformadora constitui um problema tanto de ordem filosófica quanto metodológica.

Nas teses sobre Feuerbach, Marx (Marx e Engels, 1959, p. 633) apresenta as falhas do materialismo tradicional que considerava a realidade como algo oposto ao homem e não como objeto da ação deste sobre a natureza. Neste sentido, Marx observa que o conhecimento só é conhecimento de uma realidade criada pelo homem na história e que este, ao criar os objetos necessários à sua sobrevivência, transforma a natureza, se transforma e transforma os outros homens. Desta forma, a práxis tanto pode ser o fundamento quanto o limite do conhecimento, dependendo do modo como o homem se relaciona com a realidade. Assim, a práxis humana, dependendo da sua *qualidade*, pode ser utilitária ou transformadora. Sobre essa questão Kosik considera, em seu emblemático livro *Dialética do concreto*, que o fato de o pensamento dialético fazer uma distinção entre *representação* e *conceito* da coisa não significa que se devam distinguir duas formas e dois graus de conhecimento da realidade, mas duas *qualidades* da práxis humana.

O que Kosik quer enfatizar é que, do ponto de vista dialético,

> a atitude primordial e imediata do homem, em face da realidade, não é a de um abstrato sujeito cognoscente, de uma mente pensante que examina a realidade especulativamente, porém, a de um ser que age objetiva e praticamente, de um indivíduo histórico que exerce a sua atividade prática no trato com a natureza e com os outros homens, tendo em vista a consecução dos próprios fins e interesses, dentro de um determinado conjunto de relações sociais (1976, p. 9).

No entanto, essa atitude primordial de um ser que age de modo prático-sensível na realidade não pode ser identificada ou confundida com a compreensão desta mesma realidade, ou seja, a ação imediata que integra o campo da vivência humana corresponde à práxis imediata cujo elemento definidor é o senso comum. Este momento da práxis não permite ao homem chegar às determinações de sua atividade objetiva sobre o mundo. Sua ação prática, utilitária e fragmentada limita o homem à ação para satisfazer suas necessidades de orientação e de ajustes ao mundo, mas não o conduz à busca das leis que regem sua ação e a dos outros homens, ou seja, a *essência*, as *relações* e o *conceito* a elas correspondente.

A *qualidade* da práxis no mundo da vivência cotidiana, que corresponde à satisfação das necessidades imediatas, constitui para Kosik o mundo da forma fenomênica, que é a forma da práxis unilateral, limitada e fragmentária. Assim ele se expressa sobre essa questão:

> [...] historicamente determinada e unilateral, é a práxis fragmentária dos indivíduos, baseada na divisão do trabalho, na divisão da sociedade em classes e na hierarquia de posições sociais que sobre ela se ergue" (*Idem*, p. 10).

No interior dessa práxis fragmentada e superficial o homem parece mover-se de maneira utilitária e naturalizada em seu cotidiano, ao mesmo tempo em que absorve essa atmosfera ideologizada com seu caráter utilitário e imediato, sem penetrar nas determinações de seu agir espontâneo. A realidade em que o homem está mergulhado aparece de forma autônoma sem relações com a totalidade das determinações históricas do vivido.

Kosik denomina essa atmosfera espontânea, utilitária e ideologizada da vida cotidiana de "mundo da pseudoconcreticidade" ou de "práxis fetichizada", que consiste no "pensamento comum", na "consciência ingênua", no "mundo dos fenômenos externos".

Para esclarecer as concepções fundamentais que estão na base da constituição do mundo da aparência ou realidade fetichizada, Kosik retoma Marx e considera que:

> [...] o mundo que se manifesta ao homem na práxis fetichizada, no tráfico e na manipulação não é o mundo real, embora tenha a

> "consistência" e a "validez" do mundo real: é o "mundo da aparência" [...] o impulso espontâneo da práxis e do pensamento para isolar os fenômenos, para cindir a realidade no que é essencial e no que é secundário, vem sempre acompanhado de uma igualmente espontânea percepção do todo, na qual e da qual são isolados alguns aspectos, embora para a consciência ingênua esta percepção seja muito menos evidente e muitas vezes imatura (*Idem*, p. 15).

Aquilo que o homem observa de modo imediato e natural no mundo cotidiano – o fenômeno – revela e esconde a sua essência, a sua estrutura (ou suas determinações). Para se atingir a essência, a compreensão do fenômeno, é necessário o esforço da investigação que decompõe a estrutura deste fenômeno em partes. Marx, em sua discussão sobre o método histórico de construção do conhecimento, torna evidente a distinção entre mundo da essência e mundo da aparência, demonstrando que o conceito de realidade é muito mais abrangente do que aquilo que se manifesta no mundo sensível:

> [...] Toda ciencia estaria de más, si la forma y la esencia de éstas coincidiesen directamente (1959).

Desta maneira, a compreensão do fenômeno implica o esforço metodológico de conhecimento de sua estrutura, e a dialética constitui o pensamento crítico que busca esta compreensão. Kosik amplia a discussão metodológica iniciada por Marx, considerando a esse respeito que

> [...] o conhecimento é que é a própria dialética em uma de suas formas, o conhecimento é a decomposição do todo [...] o conhecimento se realiza como separação de fenômeno e essência [...] a representação da coisa não constitui uma qualidade natural da coisa e da realidade: é a projeção, na consciência do sujeito, de determinadas condições históricas petrificadas [...] na destruição materialista da pseudoconcreticidade, a liberalização do "sujeito" (vale dizer, a visão concreta da realidade, ao invés da "intuição

> fetichista") coincide com a liberalização do "objeto" (criação do ambiente humano como fato humano dotado de condições de transparente racionalidade) posto que a realidade social dos homens se cria como união dialética de sujeito e objeto. (1976, pp. 14-20)

É importante, por conseguinte, que se resgate o caráter relacional do processo de construção do conhecimento. Isso significa considerar que há um sujeito informado historicamente, que se relaciona com o objeto, construindo-o e sendo ao mesmo tempo construído neste processo. A controvérsia sobre a dualidade sujeito-objeto tem de ser superada tanto no âmbito da teoria quanto no da prática, sob pena de não se conseguir avançar nem do ponto de vista do conhecimento, nem da contribuição que este pode dar ao movimento de construção da identidade de classe dos segmentos chamados "subalternos". A relação dialética sujeito-objeto tem como pressuposto que a teoria se altera no trânsito com a realidade, assim como esta também se altera com a teoria. A produção do conhecimento não pode ser diluída na necessidade histórica de intervenção imediata no processo social para transformá-lo. Torna-se necessário discernir o campo próprio da produção do conhecimento. do nível de intervenção no processo para transformá-lo. Em outras palavras, é preciso transformar a "verdade prática" (mundo da pseudoconcreticidade) em "verdade teórica" (mundo do conhecimento) para que a primeira ganhe um conteúdo revolucionário.[2]

A atitude metodológica que tem a intenção de transformar a "verdade prática" em "verdade teórica" precisa constituir-se em um esforço de caráter permanente pois, como observa Lefebvre,

> [...] a sociabilidade capitalista constrói uma realidade urbana fragmentada, um espaço controlado e nesse espaço, metodológi-

2. Em estudos anteriores tratamos esta questão. Ver Noronha, 1991 e 2002.

ca (e epistemologicamente) se instala o conflito entre o "vivido sem conceito" e o "conceito sem vida". Uns dispensam-se de pensar e outros dispensam-se de viver. (1973)

O vivido sem conceito constitui o mundo da vivência, do pragmatismo e o conceito sem vida, o mundo da abstração, do idealismo.

A superação deste conflito torna-se possível com a compreensão da essência do modo como a sociabilidade capitalista se estrutura e constrói o mundo fetichizado das relações de trabalho no interior das relações sociais de produção em toda a sociedade. É, portanto, em todo o espaço ocupado pelo neocapitalismo setorizado, reduzido a um meio aparentemente homogêneo, mas profundamente fragmentado, que deve incidir a atitude metodológica fundamental de superação do mundo fenomênico da aparência da coisa para atingir sua estrutura. É essencial que o pesquisador não assuma os "pedaços", os "fragmentos" independentes como objeto de pesquisa, mas trabalhe com a *categoria totalidade*, desenvolvendo o esforço teórico-metodológico de articulação entre cotidiano e História. É difícil ao pesquisador quando trabalha com objetos e sujeitos particulares evitar a armadilha de se perder no cotidiano, de ficar no nível da aparência do fenômeno.

Se, de um lado, a vida cotidiana constitui a premissa básica para se fazer História (para viver, é preciso comer, beber, morar, vestir etc.), que representa o primeiro fato histórico que é a produção dos meios materiais para a subsistência nas relações que se estabelecem com a natureza e com os outros homens; de outro, constitui a possibilidade de transformação da realidade, pois, tão logo as primeiras necessidades estejam satisfeitas nas relações que se estabelecem entre os homens com a natureza mediada por outros homens, novas necessidades serão criadas. Contudo, se o homem fica prisioneiro da ação instrumental de satisfazer as suas necessidades imediatas, tende a não conseguir perceber a essência de sua ação. Por isso afirmamos que a práxis é a fonte e o limite do conhecimento.

Kosik acrescenta a essa reflexão o *papel criador da atividade humana*:

> [...] o homem só conhece a realidade na medida em que ele cria a realidade humana e se comporta antes de tudo como ser prático (1976, p. 22).

No entanto, para que esse conhecimento da realidade ocorra, o homem precisa buscar a essência das coisas, pois esta não se manifesta de modo direto. Somente pela investigação criteriosa, buscando não a essência última dos fenômenos (como pensavam os clássicos), mas suas determinações estruturais históricas, tornam-se possíveis a superação do mundo da vivência e a passagem deste para o da práxis transformadora.

A ruptura com a compreensão ingênua da realidade exige por parte do homem uma atitude constante de busca de articulação metodológica entre o particular e o universal, entre o mundo da existência fenomênica e o mundo da essência estrutural das coisas. Como esse caminho e essa atitude metodológica são difíceis, Kosik observa que diante destas dificuldades o apelo ao misticismo representaria uma forma de burlar as dificuldades inerentes ao exercício metodológico de passar da aparência à essência do fenômeno. Essa constitui a questão fundamental do processo de construção do conhecimento.

> [...] a humanidade tenta poupar-se o trabalho [...] e procura observar diretamente a essência das coisas (o misticismo é justamente a impaciência do homem em conhecer a verdade). Com isso corre o perigo de perder-se ou de ficar no meio do caminho (*Idem*, p. 21).

Outra maneira de desviar-se da tarefa de conhecer as determinações estruturais da realidade expressa na vivência imediata pode ser caracterizada pela ação simplificadora da atividade de conhecer, recorrendo-se a estratégias mais prazerosas de pesquisa, que tendem a supervalorizar o lúdico em detrimento da investigação rigorosa, desprezando-se a atitude metodológica de articulação entre particular e geral e o uso de categorias de análise como totalidade, contradição, movimento, mediação. A ação humana tende a desenrolar-se no plano da superfície das coisas (impulsos de ação e reação), e parece ser mais significativo ser "feliz" com o imediato e com o sensível que a percepção fenomênica oferece do que "sofrer" procurando as determinações do sensível e da felicidade.

Guardadas as devidas proporções, pode-se associar essa atitude de "felicidade" imediata proporcionada pela abordagem da realidade que fica no nível da aparência do fenômeno com a "anatomia do riso" a partir da análise desenvolvida por Hobbes. Para este filósofo,

> [...] rir em demasia é sinal de pusilanimidade, pois ri muito quem tem poucas habilidades [...] o riso para Hobbes seria uma estratégia para lidar com nossos sentimentos de inadequação e de insegurança (Mattos, 2003, p. 3).

Essas atitudes acima mencionadas podem resolver um problema existencial imediato, que é o de adequar-se ou de ajustar-se à realidade da maneira menos traumática possível (por meio de técnicas que tendem a tornar "mais fácil" ou "mais agradável" a ação de estar no mundo bem como a atividade de compreender o mundo), todavia *não mudam a realidade* que está causando a insegurança e a ansiedade diante do objeto a ser compreendido. A sensação de impotência diante da realidade provém, sobretudo, da incompreensão e do desconhecimento das leis que regem os fenômenos e do seu sentido objetivo. Por isso a atitude de "fuga" ante a complexidade do real não pode ser considerada uma atitude revolucionária. Como diz Kosik:

> [...] na modificação existencial o sujeito não muda o mundo, mas muda a própria posição diante do mundo. A modificação existencial não é uma transformação revolucionária do mundo; é o *drama individual* de cada um no mundo. Na modificação existencial o indivíduo se liberta de uma existência que não lhe per-

> tence e se decide por uma existência autêntica. [...] Fazendo isto, ele desvaloriza a cotidianidade com sua alienação, se eleva acima dela, mas ao mesmo tempo nega, com isso, também o sentido da própria ação (1976, p. 79).

Apesar dessas dificuldades que fazem parte do mundo das relações fetichizadas, em que o homem vive e se relaciona, é só a partir de sua atividade prática que ele consegue apropriar-se do mundo na forma de "coisas para si", porém dentro dos limites de uma atitude utilitária. Para ultrapassar o mundo da realidade imediata e utilitária em que ele vive, e chegar à essência das coisas, precisa, contudo, desenvolver uma atividade de investigação que conduza à estrutura das coisas, de suas determinações históricas, que levaria ao conhecimento da "coisa em si".

> O homem só conhece a realidade na medida em que ele cria a realidade humana e se comporta antes de tudo como ser prático (*Idem*, p. 22).

No entanto, o homem não pode ser presa deste mundo prático que ele cria para viver, acreditando que é capaz de conhecê-lo de forma espontânea e natural. Além do sentido natural que ele atribui ao mundo, proveniente das sensações, é preciso compreender o sentido objetivo das coisas que ele cria. É importante lembrar que os *sentidos* por meio dos quais o homem cria, recria, se relaciona, descobre e atribui sentidos às coisas são também um produto histórico-social. É neste sentido que se deve compreender a reflexão de Marx, sobre o caráter das relações de apropriação que o homem realiza dentro da lógica capitalista.

> A propriedade privada nos tornou tão estúpidos e unilaterais que um objeto somente é nosso quando o temos, quando existe para nós enquanto capital ou quando é imediatamente possuído, comido, bebido, vestido, habitado; em suma, utilizado por nós [...] em lugar de todos os sentidos físicos e espirituais apareceu,

> assim, o simples estranhamento de todos estes sentidos, o sentido de ter. [...] A formação dos cinco sentidos é um trabalho de toda a História universal até nossos dias. O sentido que é presa da grosseira necessidade prática tem somente um sentido limitado (Marx e Engels, 1959, p. 33).

Para que o homem compreenda o *sentido objetivo* das coisas que ele cria, é preciso que seja superado o âmbito da necessidade vulgar, da posse e do uso imediato e fragmentado e seja buscado o núcleo das determinações históricas destas coisas criadas. Se o homem ficar na forma do sensível, da vivência cotidiana, da opinião, das experiências imediatas observáveis, não conseguirá atingir o sentido objetivo das coisas.

Para que seja possível sair do mundo da vivência, da imediaticidade, da experiência, do sensível, da aparência do fenômeno, é preciso realizar o movimento dialético que vai da parte para o todo e do todo para a parte (dialética particular-geral).

Esta proposta encontra-se nas reflexões de Kosik:

> O progresso da abstratividade à concreticidade é, por conseguinte, em geral movimento da parte para o todo e do todo para a parte; do fenômeno para a essência e da essência para o fenômeno; da totalidade para a contradição e da contradição para a totalidade; do objeto para o sujeito e do sujeito para o objeto. [...] O processo do pensamento não se limita a transformar o todo caótico das representações no todo transparente dos conceitos; no curso do processo o próprio todo é concomitantemente delineado, determinado e compreendido (1976, p. 30).

Esta reflexão constitui uma diretriz metodológica significativa para a compreensão da realidade e para a construção do conhecimento, pois embora o todo seja perceptível ao homem na sua realidade prática imediata, não é imediatamente cognoscível. Apenas mediante o esforço metodológico de *investigação*, que inclui a apropriação dos detalhes históricos da realidade, e de uma análise cuidadosa de como os elementos da realidade se estruturam e se articulam historicamente expressando as condições daquele momento histórico, é que se torna possível atingir a essência do fenômeno vivido. Se esse processo deixa de ocorrer, fica-se no âmbito da contemplação, da especulação abstrata e vazia, ou, o que é pior, perde-se no meio do caminho e não se chega à compreensão e à explicitação do fenômeno (*método de exposição*).

É com este sentido que Marx distingue formalmente o *método de investigação* do *método de exposição*:

> É mister, sem dúvida, distinguir, formalmente, o método de exposição e o método de pesquisa. A investigação tem de apoderar-se da matéria em seus pormenores, de analisar suas diferentes formas de desenvolvimento, e de perquirir a conexão íntima que há entre elas. Só depois de concluído esse trabalho é que se pode descrever, adequadamente, o movimento real. Se isto se consegue, ficará espelhada, no plano ideal, a vida da realidade pesquisada, o que pode dar a impressão de uma construção *a priori* (1980).

O *método de exposição* não consiste, portanto, em uma análise evolucionista da realidade, ou em uma mistura eclética de posições teóricas sobre ela, muito menos em uma combinação mais ou menos ordenada de assuntos com o objetivo de supostamente "dar conta" da complexidade do real. Por trabalhar com a totalidade histórica e, nesse processo, desenvolver de modo permanente o movimento entre o particular e o geral, este método não pode ser confundido com a perspectiva da totalidade holística. Como observa Kosik:

> A falsa totalização e sintetização manifesta-se no método do princípio abstrato que despreza a riqueza do real, isto é, a sua contraditoriedade e multiplicidade de significado, para levar em conta apenas aqueles fatos que estão de acordo com o princípio abstrato. O princípio abstrato, erigido em totalidade, totalidade vazia, que trata riqueza do real como resíduo irracional e incompreensível. [...] o ponto de vista da totalidade concreta nada tem de comum com a totalidade holística, organicista ou neo-romântica,

> que hipostasia o todo antes das partes e efetua a mitologização do todo. A dialética não pode entender a totalidade como um todo já feito e formalizado, que determina as partes, porquanto à própria determinação da totalidade pertencem a gênese e o desenvolvimento da totalidade, o que, de um ponto de vista metodológico, comporta a indagação de como nasce a totalidade e quais são as fontes internas do seu desenvolvimento e movimento. A totalidade não é um todo já pronto que se recheia com um conteúdo, com as qualidades das partes (1976, p. 49).

O processo pelo qual se torna possível atingir a totalidade histórica e a essência objetiva do fenômeno supõe, desta maneira, a destruição do mundo da pseudoconcreticidade, que é o mundo da aparência, da vivência cotidiana, da falsa consciência, da falsa objetividade.

Uma vez colocadas estas observações de caráter metodológico, pretende-se passar ao exame das vivências do psicodrama, como *ponto de partida* empírico para o desenvolvimento de processos de aprendizagem do real. Para que o conhecimento da realidade ocorra, a vivência precisa percorrer o caminho metodológico da superação da sua autonomia em relação aos processos históricos que o produzem, podendo, então, aspirar a trilhar as sendas de uma práxis transformadora.

Como analisar metodologicamente a práxis do professor em seu cotidiano com base nestas considerações? Como uma práxis fragmentária – retida no plano das sensações, da simples vivência –, ou como uma práxis que, apesar de ser limitada, contém germes de possibilidade de superação do mundo sensível?

Com o propósito de encontrar algumas diretrizes para esses questionamentos, apresenta-se a seguir síntese do que foi tratado até o presente momento:

- É importante recuperar o pressuposto da análise marxista trabalhado por Kosik de que a compreensão da realidade objetiva não se dá de forma espontânea, imediata, ou automática e de que, portanto, "*o conhecimento é a própria dialética em uma de suas formas, é a decomposição do todo*". Supõe desta maneira o exercício constante de aprendizagem e prática da destruição da aparência das coisas, para atingir a sua essência. É preciso compreender a realidade para transformá-la.

- Se o conhecimento da realidade é condição para a sua transformação, é necessário que ele seja desenvolvido enquanto processo de superação do mundo da aparência e das sensações imediatas. Desse modo torna-se possível o rompimento com a práxis fragmentária e imediata em que os sujeitos se encontram. O mundo da *pseudoconcreticidade* é fruto da divisão do trabalho, da sociedade de classes e da hierarquia social que se estrutura a partir desse tipo de organização social.
- A aprendizagem do processo de construção do conhecimento objetivo tem de ser exercitada desde a infância, como forma de garantir a aquisição dos instrumentos fundamentais de compreensão da realidade a partir de suas determinações essenciais, para que seja possível o desenvolvimento da ação transformadora no mundo. Esse conhecimento, por sua vez, não pode ser reduzido ao chavão já desgastado pelo mau uso metodológico do "acesso ao saber socialmente acumulado", pois este só ganha sentido histórico-revolucionário se vitalizado pela práxis em que alunos e professores são sujeitos do processo de transmissão-assimilação-superação do saber socialmente elaborado pelo conjunto dos homens em sua história concreta.[3] O saber é, dessa forma, compreendido não como algo monolítico e fossilizado, pronto e acabado, que corresponderia à reedição da posição idealista, que postula que são as idéias que fundam a transformação do mundo, independentemente da prática.
- Subentende-se, desta maneira, que o conhecimento é construído no interior de uma pedagogia, *a pedagogia da práxis*. O significado dessa diretriz tem um grande alcan-

3. Esta questão foi tratada anteriormente em Noronha e Fagundes, 1986.

ce metodológico para a educação, pois implica que *a prática é o fundamento e o limite do conhecimento e do objeto humanizado que, como produto da ação, é objeto do conhecimento.* Como a prática não fala nem revela nada por si mesma no âmbito das evidências, tem, portanto, de ser interpretada e analisada, já que seu sentido essencial não é possível de ser captado de forma direta, pela observação imediata. As *relações que se estabelecem entre professor e alunos* devem ser entendidas tendo como pressuposto a consideração de ambos como *sujeitos históricos,* que ao mesmo tempo em que *são modificados pelas circunstâncias são capazes de nelas atuar, modificando-as.* Desta forma refuta-se a afirmação de que o princípio do desenvolvimento da humanidade se encarna numa parte da sociedade, no caso, o professor. No entanto, é preciso ter cuidado para não cair na armadilha vulgarizada pelo senso comum de que todos são educadores, de que ninguém educa ninguém, descambando para o espontaneismo mais grosseiro.

- É fundamental, portanto, a ação do professor como mediador de uma práxis mais elaborada do ponto de vista do conhecimento, para que a práxis revolucionária possa ser desenvolvida nas relações que se estabelecem no processo pedagógico. As *relações* que se estabelecem no processo de construção do conhecimento não podem ser confundidas com "interacionismo", ou com um relacionamento cheio de prazer e de camaradagem, ficando reduzidas somente a esse aspecto superficial, secundarizando o fundamental, que é a compreensão da essência objetiva da realidade. As *relações* que se estabelecem no processo pedagógico devem evitar o ato de atribuir "supremacia" ao papel do professor, e "autonomia" à ação do aluno (identificado ideologicamente como um indivíduo "livre" no mercado para adquirir os saberes necessários à sua afirmação no mundo competitivo em que vive). A sociedade, desta maneira, tende a ser reduzida a um agregado de identidades individuais, e as distinções sociais aparecem não como resultado da organização da sociedade em classes, mas como opções pessoais ou estilos de vida.

- É com este sentido que se objetiva superar a visão atual difundida pelas concepções ideologizadas da "pós-modernidade", que tem como uma de suas manifestações na educação o construtivismo. Este considera que o conhecimento é apenas instrumental, não podendo, portanto, ser construído; que não é possível atingir a verdade objetiva universal; que a inteligência é um processo de adaptação e que a categoria central na educação é a assimilação.
- A valorização do saber tácito (da experiência imediata), contrapondo-se ao conhecimento explícito (elaborado), tende a desenvolver e difundir uma perspectiva naturalizada do homem e da sociedade, que pode ser traduzida no evolucionismo social e na idéia de ecossistema harmonioso, equilibrado e místico. A não-articulação entre conhecimento tácito (da cotidianidade) e conhecimento elaborado (histórico) pode levar à polarização: pragmatismo de um lado e mistificação da História de outro. Nas observações de Kosik:

> Separada da História, a cotidianidade é esvaziada e reduzida a uma absurda imutabilidade; enquanto a História separada da cotidianidade se transforma em um colosso absurdamente impotente que irrompe como uma catástrofe sobre a cotidianidade, sem poder mudá-la, sem poder eliminar a banalidade nem lhe dar um conteúdo (1976, p. 73).

A superação desta polarização se daria pela articulação entre cotidiano e História mediante a destruição do fetichismo tanto da cotidianidade quanto da História.

- É importante considerar o professor e o aluno como sujeitos históricos submetidos a determinadas relações sociais. É necessário que estas relações históricas sejam compreendidas para que se possa agir tendo em vista o rompimento com a leitura ingênua da realidade, em que o mundo se manifesta no cotidiano como um mundo já pronto e imutável.

Feitas estas considerações, será realizada a tentativa metodológica de análise de alguns *relatos de experiências vivenciadas* por professores e alunos em sala de aula por meio de técnicas dramáticas. O objetivo desta análise é observar a possibilidade de existência de pontos de articulação entre a vivência do cotidiano em sala de aula e a construção de um processo de compreensão da realidade objetiva (práxis transformadora).

Observa-se inicialmente que em todos os relatos é desenvolvido um tipo de "procedimento padrão" em que são descritos o objetivo, a montagem do cenário e da cena, o aquecimento, a dramatização, o compartilhamento e a síntese.

É possível constatar que o ponto de partida de todos os trabalhos tomados como objeto de análise é a *experiência sensível* ou *vivência no cotidiano* dos alunos. Importa saber neste exame dos trabalhos qual foi o processo desenvolvido para que os alunos pudessem superar (ou não) o âmbito das opiniões, da aparência e das sensações espontâneas e atingir (ou não) a compreensão (conhecimento) da *essência de sua prática histórica,* fonte geradora dos problemas que estão sendo sentidos no cotidiano na forma fenomênica de "preocupação" e de "desconforto".

Os trabalhos foram organizados utilizando-se várias técnicas dramáticas, dentre as quais destacam-se algumas:

- exemplificar e sentir, por meio da música, como o uso de drogas por adolescentes pode levar à marginalidade e à desestruturação familiar. O objetivo, neste caso, era conseguir uma fixação mais eficaz do conteúdo trabalhado;
- mediante de uma vivência em sala da aula, sentir e concluir a diferença de conviver com o professor robô e com o professor humano, na busca por uma escola ideal;
- vivenciar um exercício filosófico prático e avaliar a compreensão dos conteúdos abordados, na forma de temas e questionamentos por meio de quatro personagens;

- desenvolver uma experiência vivenciada, fazendo emergir espontaneamente componentes de realismo, de emotividade, de expressividade corporal e verbal, por uma dinâmica envolvendo a construção do perfil do negociador, pela mediação de conflitos;
- vivenciar um jornal vivo, tendo como finalidade fazer que os alunos sentissem prazer em participar das aulas;
- trabalhar uma vivência de dramatização desenvolvendo a espontaneidade e o aprimoramento das relações interpessoais;
- desenvolver uma vivência com psicodrama com o objetivo de refletir sobre a conceituação dos temas transversais contidos nos Parâmetros Curriculares Nacionais.

Uma vez identificados alguns dos *temas centrais* e *objetivos* dos trabalhos desenvolvidos, cabe ressaltar que as reflexões aqui empreendidas sobre o modo como os trabalhos foram conduzidos não têm nenhum caráter de desmerecimento quanto ao esforço de fazer avançar o trabalho pedagógico para além de uma prática autoritária. A contribuição desta análise situa-se no campo da *discussão metodológica*.

Pretende-se, em primeiro lugar, demonstrar a alternância de técnicas didáticas ou de reformulação de alguns princípios pedagógicos, sem que estes sejam apreendidos nos limites das contradições sociais, que são possíveis de serem alcançadas somente mediante o rompimento com a aparência fetichizada das relações sociais. Por meio, portanto, do conhecimento objetivo e não das sensações imediatas da experiência, pode levar ao risco recorrente de transformar a educação em uma panacéia "democratizadora e emancipadora", com conseqüências educacionais, sociais e políticas que podem ser devastadoras para as camadas excluídas da sociedade.

Apesar da diversidade temática desenvolvida nos trabalhos, em função das especificidades de cada disciplina, algumas questões são recorrentes nos relatos, tais como:

- ter como ponto de partida o senso comum da vivência cotidiana, bem como nele permanecer, apesar do desenvolvimento de técnicas pedagógicas de interação e de compartilhamento com os alunos;

- a avaliação otimista da experiência vivida, apresentada pelos professores como altamente positiva pelos "atores" envolvidos (professores e alunos);
- a avaliação circunscreve-se somente no âmbito tecnicista da eficiência ou não da técnica utilizada (inovadora, satisfatória, ferramenta eficiente, renovação pedagógica etc.), sem dar importância à compreensão objetiva do problema real que havia movido cada trabalho;
- a impossibilidade metodológica de articulação entre teoria e prática e de estabelecimento de relações entre particular e geral, entre sujeito e objeto, entre cotidiano e História;
- a tendência a buscar compreender as coisas de modo direto, sem a mediação da teoria;
- a impossibilidade metodológica de construir o conhecimento, parecendo que a verdade está dada nas evidências ou manifestações do cotidiano, bastando "experimentá-la", "lidar com ela da melhor maneira possível", "controlar a angústia gerada pelo seu desconhecimento", "assimilar e fixar o conteúdo vivenciado" sem que seja desenvolvido um processo de superação ou rupturas transformadoras que só o conhecimento objetivo da realidade vivenciada possibilita;
- a supervalorização das emoções e dos sentimentos em detrimento de uma reflexão que conduza os envolvidos na experiência a chegar às determinações, à raiz ou à essência dos problemas identificados e dramatizados em sala de aula;
- a mistificação da atividade de investigação e de reflexão sobre a realidade diante da impaciência do homem de conhecer as determinações históricas dos fenômenos que se apresentam com se fossem óbvios;
- a consideração do homem no "estado natural" e não histórico, tendendo a reduzir o homem à subjetividade;
- a maioria dos problemas vivenciados está no âmbito da "preocupação", e não da *ação*.

Apesar destas limitações encontradas nos relatos analisados, pode-se entrever uma tênue possibilidade de superação do âmbito imediato, por meio de uma espécie de "semente potencial" de uma forma de compreensão qualitativamente diferenciada das simples sensações do cotidiano. Esta frágil possibilidade pode ser observada naquilo que os relatos denominam de *síntese*, e refere-se a questões significativas, que infelizmente não foram detectadas, e muito menos trabalhadas pela técnica do psicodrama. Estão apenas lá registradas, aguardando por uma relação pedagógica fundada em um processo que vise transformar o homem, da sua condição natural, em sujeito da sua história. E para que essa relação transformadora possa acontecer é preciso repensar a educação do educador.

Essas frágeis "sementes potenciais", que a miopia teórica e metodológica do professor não permite captar, podem ser constatadas nos fragmentos a seguir transcritos e analisados por este estudo.

- "*Perceber na fala de todos os participantes o despertar de uma consciência centrada em valores ético e humanos.*" Esta fala, se trabalhada de forma adequada, poderia resgatar o caráter de universalidade do sujeito, em contraposição ao conceito de identidades individuais.
- Mesmo dentro dos limites de uma proposta de escola ideal, surgiu a representação de "*uma escola onde todos eram solidários, não havia violência nem preconceitos*", expressando a busca de valores universais que poderia ser uma "*semente potencial*" de uma análise que contestasse o conceito pós-moderno de que não é possível uma identidade essencial, de que só existem identidades sociais múltiplas e de que a sociedade, portanto, constitui uma soma de identidades individuais.
- A percepção, ainda que no âmbito das sensações, de que as mediações das novas tecnologias de ensino podem criar um novo tipo de subjetividade não dominada pelos alunos que instaura relações superficiais criando um sujeito inseguro, impedido de relações de historici-

dade, perdendo qualquer senso ativo na História e transformando a aula em um espetáculo: "*Concluíram que preferiam ter a professora de carne e osso e não de aço e óleo, porque é bom sentir o carinho e o calor humano da professora*".

- Apesar de não ocorrer na experiência vivida, elementos que conduzissem à articulação entre o cotidiano e a História algum indício de "preocupação" como o problema da História concreta dos sujeitos envolvidos na dramatização podem ser percebidos: "*Qual seria a história de vida [...] concluíram que era uma mãe muito pobre, que não teve oportunidade de estudar, analfabeta*".
- Mesmo na experiência de dramatização vivida pelos alunos e professores de educação infantil, foi possível encontrar "*sementes potenciais*" de compreensão da realidade, quando buscaram refletir sobre "*os desafios de suportar a pressão feita pelos colegas da turma a serem quem eles realmente são, sem que dessa forma fossem excluídos do grupo*" ou, ainda, quando manifestaram a "preocupação" com a questão ontológica e gnoseológica: "*Que ser humano queremos educar?*"
- A indagação ao real como ponto de partida do processo de conhecimento também foi outro aspecto observado, denotando que existe a "preocupação" com a busca da compreensão da realidade: "*quem pergunta tem o poder de conhecimento*", mas, ao mesmo tempo, a expressão da dificuldade de romper com o senso comum: "*A gente sempre acaba acreditando naquilo que os outros passam para a gente*".

Observam-se nos relatos momentos muito ricos como *ponto de partida* concreto para a compreensão da essência objetiva daquilo que é vivido no cotidiano. Porém, falta a dimensão da historicidade e as manifestações terminam por ficar presas nos limites do cotidiano, ou seja, no âmbito da "preocupação".

A "preocupação", como observa Kosik:

> [...] não é um estado psíquico ou um estado negativo do espírito, que se alterna com um outro, positivo [...] a "preocupação" é o enredamento do indivíduo no conjunto das relações que se lhe apresentam como mundo prático-utilitário. [...] A "preocupação" não é o estado de consciência cotidiano de um indivíduo cansado, que dela se pode libertar mediante a distração [...] o preocupar-se é o aspecto fenomênico do trabalho abstrato [...] onde o mundo humano se manifesta à consciência diária como um mundo já pronto e provido de aparelhos, equipamentos, relações e contatos, onde o movimento social do indivíduo se desenvolve como empreendimento, ocupação, onipresença, enleamento – em uma palavra, como "preocupação" (1976, pp. 59-68).

A coisificação da práxis expressa pela "preocupação" significa que o homem é absorvido pelo mero ocupar-se utilitário, ou seja, só faz aquilo que considera que possa ter resultado imediato, dentro de uma perspectiva de ansiedade permanente para cumprir as metas e satisfazer suas necessidades imediatas. O homem tende a ficar retido no âmbito da necessidade, não conseguindo atingir o âmbito da liberdade. Não consegue com isso pensar na obra que faz como algo enraizado historicamente e torna-se, por isso, alienado de sua ação, pois vê o que faz como um dado natural externo à sua ação de sujeito criador do mundo.

Como exemplo na educação, podemos citar a redução da relação pedagógica a temas como: seguir a lógica escolar durante mais da metade da vida, ser aprovado para a série seguinte, obter êxito na atividade, disciplina como um fim em si mesmo, eficiência, espontaneidade, cumprimento da tarefa proposta como um fim em si mesmo, fidelidade ao tempo programado e outros tantos que integram a cotidianidade escolar. A questão do *conhecimento desta realidade* não é colocada como o cerne do processo de aprendizagem do homem no mundo, e a relação pedagógica limita-se a lidar com aquilo que é familiar, fazendo os indivíduos se identificar com esta realidade fragmentada e banalizada como sendo natural. E, enquanto se está no âmbito da "preocupação", é possível descrever e constatar a realidade, mas não compreendê-la e explicá-la objetivamente, isto é, chegar à sua essência estrutural.

Na medida em que o homem reflete sobre o sentido da cotidianidade, desperta nele a consciência do absurdo e ele passa, então, a não encontrar mais sentido na cotidianidade. Embora reconheça que o homem necessita historicamente executar cada vez mais automatismos para liberar tempo e espaço livres para as questões humanas, Kosik chama a atenção para o fato de que:

> [...] o sentido do absurdo não surge da reflexão sobre o automatismo da cotidianidade, mas a reflexão sobre a cotidianidade é uma conseqüência da absurdidade em que a realidade histórica colocou o indivíduo" (*Idem*, p. 76).

A superação da práxis familiarizada, coisificada e naturalizada se dá pelo rompimento com a experiência cotidiana natural, pela desnaturalização da experiência cotidiana pelo processo de conhecimento da essência das coisas ou de suas determinações históricas. É evidente que esse processo não se realiza de uma só vez. No entanto, uma medida vai levando a outra, e gradativamente o sujeito consegue ir cada vez mais longe na destruição da pseudoconcreticidade. Este é um processo que vai da *tomada de consciência da alienação* – daquilo que se faz no cotidiano –, passa pela *modificação existencial* e, ultrapassando este momento, caminha na direção de uma *transformação revolucionária*.

A *modificação existencial* que pode ser proporcionada pela *vivência do psicodrama* no processo pedagógico pode representar, portanto, um dos momentos de rompimento com o mundo da cotidianidade somente se for acompanhada da compreensão de que o sujeito é determinado por um sistema de relações objetivas, e de que a cotidianidade onde vive é produzida por ele em conjunto com os outros homens nas relações que se estabelecem objetivamente, sendo, portanto, um produto histórico. Contudo, a *modificação existencial* não se constitui, ainda, na transformação revolucionária do mundo. A modificação existencial representa aquilo que já foi mencionado anteriormente, no diálogo com Kosik como sendo o "*drama individual de cada um no mundo*", em que o indivíduo "*não muda o mundo, mas muda somente a própria posição diante do mundo.*"

Ao se elevar acima da cotidianidade, negando a experiência imediata como absurda, assumindo-se como alienado e ao mesmo tempo buscando uma vida autêntica, o sujeito corre o risco de: quando negar o mundo dos automatismos absurdos da realidade cotidiana, negar também a própria ação e ficar no imobilismo, não caminhando, desta maneira, para a transformação revolucionária que ocorre no plano da ação histórica.

Concluindo as presentes reflexões, retoma-se aqui uma das questões mais significativas para a educação em todos os tempos, que foi formulada, não por acaso, pelas professoras de uma escola de educação infantil da periferia do município de Limeira, São Paulo: "*Que ser humano queremos educar?*". A origem deste problema bem como as tentativas de a ele responder não são, com toda certeza, um exercício meramente intelectual. O pensamento é mediador da elaboração das respostas conceituais na medida em que realiza o movimento do particular ao geral e deste para o particular, na forma de concreto pensado. Mas este movimento só ocorre se for alimentado de modo permanente pelas condições objetivas dadas pela realidade histórica.

Referências bibliográficas

KOSIK, K. *Dialética do concreto*. Trad. Célia Neves e Alderico Toríbio. 2. ed. Rio de Janeiro: Paz e Terra, 1976.

LEFEBVRE, Henri. *A re-produção das relações de produção*. Porto: Publicações Escorpião, 1973.

MARX, Karl. *El capital*. México: Fondo de Cultura Económica, tomo III, 1959.

____________. Pósfacio da segunda edição. *O capital*. Trad. de Reginaldo Sant'Ana, livro 1, Rio de Janeiro: Civilização Brasileira, 1980.

MARX, K.; ENGELS, F. *A ideologia alemã*. EPU, Montevidéu, 1959.

MARX, K.; ENGELS, F. *Textos sobre educação e ensino*. São Paulo: Moraes, 1959.

MATTOS, Franklin de. Anatomia do riso – Quentin Skinner discute o significado do fenômeno desde a Antiguidade (sobre a obra Hobbes e a Teoria do Riso). *Folha de S.Paulo*, Jornal de Resenhas, 11 jan., p. 3, 2003.

MORIN, Edgar. *Os sete saberes necessários à educação do futuro*. Trad. Catarina Eleonora F. da Silva e Jeanne Sawaya. 6. ed. São Paulo: Cortez; Brasília: Unesco, 2002.

NORONHA, Olinda Maria. Pesquisa participante: repondo questões teórico-metodológicas. *In* FAZENDA, Ivani (org.). *Metodologia da pesquisa educacional*. 2. ed. aumentada. São Paulo: Cortez, 1991.

_____________. *Políticas neoliberais, conhecimento e educação*. Campinas: Alínea, 2002.

NORONHA, Olinda Maria; FAGUNDES, Judith Ignês. Desqualificação do professor: questão pedagógica ou histórica? *Educação em Revista*. Revista da Faculdade de Educação da UFMG, n. 4, dez., 1986.

VÁZQUEZ, Adolfo Sánchez. *Filosofia da práxis*. Trad. Luiz Fernando Cardoso. 2. ed. Rio de Janeiro: Paz e Terra, 1977.

Os autores

ANA LÚCIA ROVINA CHAVES

Professora de língua inglesa pela PUC-Campinas. Mestrada em Educação Sociocomunitária pelo Centro Universitário Salesiano (Unisal), Americana, São Paulo. Professora de inglês nos níveis fundamental e médio.

CLÁUDIA REGINA LOPES

Pedagoga e psicopedagoga. Mestrada em Educação Sociocomunitária pelo Centro Universitário Salesiano (Unisal), Americana, São Paulo. Diretora de escola da rede municipal de ensino de Limeira, São Paulo.

ELOAH RISK

Graduada em Pedagogia e especialista em Processos de Orientação de Carreira Profissional e Gestão Social Empresarial pela Fafibe. Mestre em Educação Sociocomunitária pelo Centro Universitário Salesiano (Unisal), Americana, São Paulo. Professora de Administração de Recursos Humanos em cursos de graduação em Campinas e Indaiatuba. Diretora executiva da In Foco – Consultoria Empresarial e Educacional S/C Ltda.

JULITA GRAZIANI TORRES DEL BIANCO

Licenciada em Letras pela Faculdade de Ciências e Letras de Araras em 1988. Fez curso em São Francisco, Estados Unidos. Professora de língua inglesa em escola de ensino fundamental. Proprietária da escola de inglês Julil School, em Limeira, São Paulo. Fez pós-graduação *latu sensu* em docência no ensino superior na Universidade Metodista de Piracicaba, São Paulo. É mestre em Educação Sociocomunitária pelo Centro Universitário Salesiano (Unisal), Americana, São Paulo.

LENI VERHOFSTADT-DENÈVE

Psicodramatista, professora de Psicologia do Desenvolvimento, teórica e clínica e diretora do Departamento de Psicologia do Desenvolvimento e da Personalidade da Universidade de Ghent, na Bélgica. Membro da Academia Real de Ciências da Bélgica.

LÍGIA PIZZOLANTE LISKE

Graduada em Pedagogia e Orientação Educacional pela PUC-Campinas. Especialista em Psicodrama Pedagógico. Professora do Ensino Médio e Normal e de cursos de pós-graduação em Psicodrama. Co-diretora de psicodrama numa escola pública de ensino fundamental e médio em Jundiaí, São Paulo.

LOURDES APARECIDA PESTANA ESTRONIOLI

Graduada em Filosofia e Pedagogia. Pós-graduada em Metodologia do Ensino Superior. Mestrada em Educação Sociocomunitária pelo Centro Universitário Salesiano (Unisal), Americana, São Paulo. Professora de Filosofia em nível superior. Desenvolve projeto na área de Filosofia e Educação sobre "Educação para o Pensar".

LUZIA MARA SILVA LIMA

Doutora em Psicologia Educacional pela Unicamp. Pós-doutorada pela Faculdade de Motricidade Humana da Universidade Técnica de Lisboa. Professora do Mestrado em Educação Sociocomunitária pelo Centro Universitário Salesiano (Unisal), Americana, São Paulo.

MARCO ANTONIO FERNANDES

Comunicador social pela PUC-Campinas. Especialista em Instrução/Educação de trânsito pela Unicamp. Psicopedagogo e mestrado em Educação Sociocomunitária pelo Centro Universitário Salesiano (Unisal), Americana, São Paulo. Educador de trânsito (Centec).

MARCOS FLAVIO ARAGON RODRIGUES

Administrador de empresas. Mestre em Educação Sociocomunitária pelo Centro Universitário Salesiano (Unisal), Americana, São Paulo. Professor de informática e coordenador pedagógico de uma escola particular de ensino fundamental e médio.

MARGARETH MARIA PACCHIONI

Mestre em Serviço Social pela PUC-São Paulo. Professora e supervisora de estágio na Faculdade de Serviço Social. Mestrada em Educação Sociocomunitária pelo Centro Universitário Salesiano (Unisal), Americana, São Paulo.

MARGARIDA RONDELLI FÁVERO

Psicóloga, psicoterapeuta e especialista em Recursos Humanos. Mestrada em Educação Sociocomunitária pelo Centro Universitário Salesiano (Unisal), Americana, São Paulo.

MÍRIS CRISTINA PARAZZI FOLSTER

Psicopedagoga e mestrada em Educação Sociocomunitária pelo Centro Universitário Salesiano (Unisal), Americana, São Paulo. Professora do curso de Pedagogia da mesma instituição. Bailarina, pianista e professora de musicalização infantil.

OLINDA MARIA NORONHA

Livre-docente em História da Educação pela Unicamp. Professora aposentada, atualmente atua como colaboradora da Faculdade de Educação da Unicamp e da PUC-Campinas. Professora titular do curso de mestrado em Educação Sociocomunitária pelo Centro Universitário Salesiano (Unisal), Americana, São Paulo.

REGIS DE MORAIS

Doutor e livre-docente em Filosofia da Educação. Titular aposentado da Unicamp. Professor titular do Centro Universitário Salesiano (Unisal), Americana, São Paulo, e da PUC-Campinas.

SÔNIA MARIA SGARBIERO PANTAROTO

Professora de língua portuguesa e literatura pela Universidade Metodista de Piracicaba (Unimep), São Paulo, atuando nos níveis fundamental e médio. Mestre em Educação Sociocomunitária pelo Centro Universitário Salesiano (Unisal), Americana, São Paulo.

VALÉRIA MILANEZ SCRICH

Pedagoga e mestrada em Educação Sociocomunitária pelo Centro Universitário Salesiano (Unisal), Americana, São Paulo. Professora de educação infantil em Americana, São Paulo.

LEIA TAMBÉM

AÇÕES AFIRMATIVAS EM EDUCAÇÃO
Experiências brasileiras
Cidinha da Silva (org.)
Este livro busca aprofundar o debate sobre as ações afirmativas, apresentando programas que visam garantir o acesso, a permanência e o sucesso de negros/as na universidade como forma de possibilitar a realização do sonho de jovens que vivenciam processos estruturais de exclusão. Além disso, são discutidas as metodologias de seleção de pessoas negras nesses projetos, considerados os principais aspectos da discussão sobre as cotas para negros/as. REF. 40018.

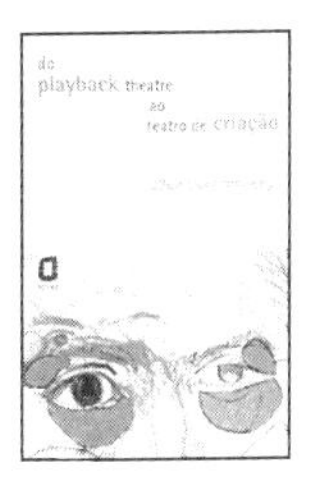

DO PLAYBACK THEATRE AO TEATRO DE CRIAÇÃO
Albor Vives Reñones
A leitura desse livro é provocante e inspiradora. O autor escreve como um bom escritor, faz reflexões como um bom pensador e cria como um artista. Para quem gosta da linguagem do teatro em suas aplicações não-convencionais, é imperdível. Recomendado também para artistas em geral e terapeutas grupais. REF. 20783.

HISTÓRIAS QUE EDUCAM
Conversas sábias com um professor
Ruy Cezar do Espírito Santo
O autor é um conceituado educador que gosta de estimular seus alunos para o autoconhecimento e para o despertar da espiritualidade. Trabalhando em sala de aula com o livro *Histórias que curam*, de Rachel N. Remen, Ruy inspirou-se para escrever este livro. Outros educadores, por sua vez, sentir-se-ão inspirados pela sensibilidade e poesia desta obra. REF. 20794.

PLAYBACK THEATRE
Uma nova forma de expressar ação e emoção
Jo Salas
O *playback theatre* é uma nova modalidade de atividade grupal que pode ser utilizada por atores, terapeutas, educadores e assistentes sociais. A autora, uma de suas criadoras, descreve aqui as origens, a técnica e a filosofia dessa prática. Escrito de modo divertido e esclarecedor, traz inúmeros exemplos de encenações e fotos. Instigante e imperdível para todo profissional que lida com grupos. REF. 20703.

PSICODRAMA COM CRIANÇAS
Uma psicoterapia possível
Camila Salles Gonçalves (org.)
O psicodrama ajuda as crianças na superação de obstáculos a seu desenvolvimento, por meio daquilo que ninguém lhes pode tirar – sua imaginação. É com jogos, brincadeiras e histórias, espontaneamente criados, que as crianças procuram lidar com o mundo que proporcionamos a elas. Um livro importante para os que querem se inteirar dos métodos e técnicas da terapia psicodramática com crianças. REF. 20336.

REICH
História das idéias e formulações para a educação
Paulo Albertini
Amplia-se cada vez mais o interesse pela psicologia reichiana, e este livro vem atender a uma demanda antiga dos profissionais e estudiosos da área. Partindo de uma análise estrutural e histórica dos escritos reichianos, o autor nos apresenta o desenvolvimento da obra de Reich até 1934 e elabora uma inédita interpretação de suas formulações sobre a educação. REF. 20443.

SATO, O POETA NADADOR
Ana Figueiredo
Sato, um mestre no completo sentido da palavra, ensinou várias gerações de paulistanos a nadar bem. Mais do que isso, ele preparou seus discípulos para a vida. Ana Figueiredo recolheu vários trechos de suas falas durante anos e, com amor e dedicação, fez um livro-poema muito zen. Para as pessoas que conheceram Sato e para aquelas que anseiam por mestres. REF. 20718.

O TAO DA EDUCAÇÃO
A filosofia oriental na escola ocidental
Luzia Mara Silva Lima
Professora universitária e campeã mundial de kung fu, Luzia escreve sobre sua trajetória profissional na área da educação, tendo a arte marcial como um de seus instrumentos. O objetivo é ajudar o aluno a se desenvolver como um ser humano integral. Indicado para profissionais que trabalham com jovens e crianças. REF. 20719.

TEATRO PEDAGÓGICO
Bastidores da iniciação médica
Arthur Kaufman
Essa obra baseia-se no trabalho desenvolvido pelo autor na Faculdade de Medicina da USP. Utilizando o psicodrama, o estudante vivencia os papéis de médico, de paciente e os outros papéis a ele vinculados, o que o conduz a *insights* sobre desempenhos e sobre a questão da vocação. Excelente referência e reflexão de aplicação do psicodrama pedagógico na educação. REF. 20402.

UM OLHAR SOBRE A FAMÍLIA
Trajetória e desafios de uma ONG
Célia Valente (org.)
O Centro de Estudos e Assistência à Família (CEAF), que vem desempenhando um papel importante na vida de famílias de baixa renda, com atendimento psicológico, terapêutico e educacional gratuito, completa vinte anos. Anualmente, duas a três mil pessoas passam pelo CEAF, que atua com metodologia própria e é referência na área. Sua história é narrada neste livro, com o objetivo de estimular outros profissionais que trabalham com populações de risco a seguirem os seus passos. REF. 20875.

A JORNADA DO HERÓI
Joseph Campbell – Vida e obra
Phil Cousineau (org.)
Obra das mais queridas dos fãs de Joseph Campbell no mundo todo, traz entrevistas dos últimos anos de sua vida e trechos de suas palestras. O texto caminha explicando simultaneamente o processo da jornada e a vida de Campbell. Ricamente ilustrado, com fotos e reproduções de arte, este livro comemora o centenário de Campbell proporcionando prazer a todos os sentidos. REF. 20823.

POR TRÁS DOS MUROS DA ESCOLA
Alba Ayrosa Galvão e Iracy Garcia Rossi
Duas educadoras contam pequenos casos sobre personagens de seu cotidiano e de relacionamentos com alunos, com pais e outros profissionais. São histórias saborosas e que encantam, comovem e fazem rir. Quem trabalha na área não deve deixar de ler. REF. 20827.

IMPRESSO NA

sumago gráfica editorial ltda
rua itauna, 789 vila maria
02111-031 são paulo sp
telefax 11 **6955 5636**
sumago@terra.com.br